Peter Himmelhuber

Selbst Terrassen und Sitzplätze bauen

Compact Verlag

© 2009 Compact Verlag München
Alle Rechte vorbehalten. Nachdruck, auch auszugsweise,
nur mit ausdrücklicher Genehmigung des Verlages gestattet.
Alle Angaben wurden sorgfältig recherchiert, eine Garantie
bzw. Haftung kann dennoch nicht übernommen werden.
Chefredaktion: Dr. Angela Sendlinger
Redaktion: Lea Hoy
Produktion: Wolfram Friedrich
Abbildungen: Peter Himmelhuber
Titelabbildungen: OSMO Gard (gr. Foto), Peter Himmelhuber (kl. Foto)
Umschlaggestaltung: Ingeborg Cisse

ISBN 978-3-8174-2298-2
2222985

Besuchen Sie uns im Internet: www.compactverlag.de

Ein Wort zuvor

Selbermachen – ein Hobby, das heute für Millionen zur sinnvollen Freizeitbeschäftigung geworden ist. Ob es sich nun um die gemietete Altbauwohnung oder um die eigenen vier Wände handelt, mit etwas Geschick und einer fachmännischen Anleitung lassen sich oft verblüffende Ergebnisse erzielen: bei kleineren Reparaturen, beim Renovieren und Verschönern und beim Um- und Ausbauen.

Und Selbermachen bringt Spaß und Freude an der eigenen Arbeit, deren Ergebnis man Tag für Tag sehen und »bewundern« kann; es spart Geld, mit dem sich langgehegte Wünsche erfüllen lassen, und es macht unabhängig von Handwerkern, auf die man sonst womöglich wochenlang und schließlich vergeblich gewartet hat.

Fachgeschäfte, Heimwerker- und Baumärkte versorgen den Hobby-Handwerker mit allen Werkzeugen und Materialien, die er braucht. Doch richtiges Werkzeug und Begeisterung allein reichen nicht aus. Unerlässlich sind eine gründliche Vorbereitung und Fachkenntnisse, wie eine Arbeit durchzuführen und was dabei zu beachten ist.

COMPACT PRAXIS **Selbst Terrassen und Sitzplätze bauen** zeigt, wie man's macht. Mit wertvollen Tipps und Tricks, die sich in der Praxis tausendfach bewährt haben. Jeder Arbeits-gang wird ausführlich Schritt für Schritt gezeigt und in Bild und Text erläutert. Übersichtliche Symbole zeigen auf einen Blick, mit welchem Schwierigkeitsgrad, welchem Kraft- und Zeitaufwand Sie bei jedem Arbeitsgang rechnen müssen, welche Werkzeuge Sie brauchen und wie viel Geld Sie durch Ihre eigene Arbeit einsparen können.

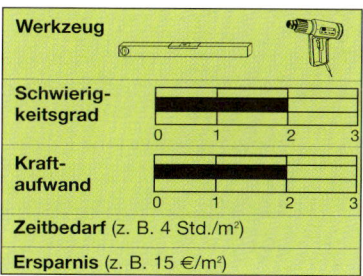

Werkzeug			
Schwierig-keitsgrad			
	0	1	2	3
Kraft-aufwand			
	0	1	2	3
Zeitbedarf (z. B. 4 Std./m²)			
Ersparnis (z. B. 15 €/m²)			

Und so stufen Sie sich richtig ein:

Schwierigkeitsgrad 1 – Arbeiten, die auch der Ungeübte ausführen kann. Es ist nur geringes handwerkliches Geschick erforderlich.

Schwierigkeitsgrad 2 – Arbeiten, die einige Übung im Umgang mit Werkzeug und Material erfordern. Es ist handwerklich durchschnittliches Geschick notwendig.

Schwierigkeitsgrad 3 – Arbeiten, die fachmännische Übung erfordern. Überdurchschnittliches Geschick ist erforderlich.

Kraftaufwand 1 – Leichte Arbeit, die jeder bequem erledigen kann.

Kraftaufwand 2 – Arbeiten, die eine gewisse körperliche Kraft voraussetzen.

Kraftaufwand 3 – Arbeiten für kräftige Heimwerker, die keine »Knochenarbeit« scheuen.

Inhaltsverzeichnis

Auf einen Blick

Grundkurse

Arbeitsanleitungen

Lage und Bau richtig planen

Die Pergola – ein grünes Zimmer im Garten

Ein Platz an der Sonne

Terrassen lassen sich an allen möglichen Plätzen im Garten anlegen. Die Sitzplätze können sonnig oder schattig, abseits oder zentral, zugänglich oder versteckt, einsehbar oder abgeschirmt liegen. Die **Wahl der Lage** bestimmt der Nutzer. Wer gerne in der Sonne liegt, wird seine Terrasse natürlich nicht an der Hausnordseite platzieren. Andererseits kann ein lauschiges Eckchen unter Bäumen für jemanden besser geeignet sein, der lieber im Schatten verweilt. Dementsprechend richtet sich die Lage

ganz nach den Wünschen der Bewohner. Im Sinne der Demokratie sind Besprechungen und gemeinschaftliche Lagebestimmungen erforderlich, um allen Ansprüchen gerecht zu werden oder wenigstens nahe zu kommen.

Falls nötig, lassen sich in jedem Garten mehrere Sitzplätze finden und den persönlichen Wünschen entsprechend gestalten. Zudem machen auch spezielle Einrichtungen die Verbesserung des Wohnfelds möglich. So lässt sich etwa eine Südterrasse bei Bedarf mit-

tels Markise schattiger gestalten, die an trüben Tagen rasch wieder in der Versenkung verschwindet.

Ein erwünschter **Sichtschutz** zu einer Straße ist mit Hilfe geeigneter Schutzwände machbar. Vor allem aber können Pflanzen zur Verbesserung des Wohnklimas auf der Terrasse beitragen. Insbesondere sind **Kübelpflanzen** als Gestaltungselemente wertvoll. Mit wenigen großen Oleanderbüschen oder Bananenstauden ist unverzüglich ein schöner Sichtschutz zu bekommen. Einen lichten Schatten erzeugen Weinreben oder andere Kletterpflanzen, die an einer leichten **Pergola** nach oben ranken. Blumig wird der Sitzplatz im Grünen, wenn der Sommerflor aufblüht.

Profitipp

Balkon- und Kübelpflanzen brauchen mehr Pflege als Gartengewächse. Sie sind völlig auf die Wasser- und Nährstoffversorgung angewiesen. Bevor Sie also ein großes Sortiment anschaffen, ist zu prüfen, ob Sie das ganze Jahr hindurch die Zeit zur Pflege aufbringen können. Wichtig sind zudem geeignete Winterquartiere.

Freisitze einfrieden

Terrassen und Sitzplätze im Garten bestehen nicht nur aus dem Bodenbelag und den Möbeln. Sie werden wesentlich von der Umgebung geprägt. Anders als im Haus wirken sich im Freien natürliche Einflüsse auf diese Lebensbereiche aus. Das hat Vor- und Nachteile. So ist es durchaus erwünscht, wenn an heißen Sommertagen ein frisches Lüftchen aus einem nahen Park das dämpfige Klima verbessert. Zugluft ist dagegen weniger erwünscht. Ebenso wirken sich akustische und optische Gegebenheiten auf den Wohnwert aus. So erfreuen Singvögel mit ihrem Gesang, während lärmende Straßen stören. Ausblicke auf eine schöne Umgebung tragen zur Erholung bei. Industriebauten haben eher einen abschreckenden Charakter. Deshalb: Achten Sie bei Ihrer **Terrassenplanung** darauf, störende Objekte so gut wie möglich auszugrenzen, z. B. durch **Sichtschutzvorrichtungen**, Lärmschutzwände oder andere **Einfriedungen**. Weitere architektonische Elemente, die zur freundlicheren Freiraumgestaltung beitragen, sind **Pergolen, Spaliere, Sprudelsteine, Wasserbecken**.

Ein Sitzplatz für die schönsten Tage im Jahr

Sonnenstand beachten

Dass sich der Sonneneinfall auf der Terrasse ändert, ist bereits bei der Lagebestimmung zu bedenken. Immerhin wirkt sich der Sonnenstand ganz entscheidend auf das Kleinklima aus. Dieser wechselt aber rund ums Jahr. So kann eine südseitige Terrasse im Winter unter Umständen dunkel liegen, wenn ein hohes Gebäude in der Nachbarschaft die Sonne verdeckt. Von September bis März steht die Sonne sehr niedrig am Himmel, zudem ändert sich die Sonnenbahn während des Jahres.

Der strahlende Stern steigt im Sommer wesentlich früher auf und geht weiter westlich unter als im Winterhalbjahr. So kann eine Ostlage durchaus gut für eine Frühstücksterrasse geeignet sein, die nur im Sommer genutzt wird, wenn sie genügend Sonne bekommt. In dieser Hinsicht stört vielleicht ein großer Laubbaum nicht, der an der Südseite eine große Krone entfaltet. Im Hochsommer steht die Sonne darüber und kann ungehindert auf die Terrasse scheinen. Im Winter ist der Baum ohnehin ohne Laub.

Profitipp

Zur Berechnung des Sonnenstands gibt es Hilfsmittel, die zu Gartenplan-Sets gehören. Sie können die Besonnung Ihres Grundstücks aber auch selbst feststellen. Dazu wird das ganze Jahr hindurch zu bestimmten Zeiten der Sonnenstand ermittelt und in einen Grundstücksplan bzw. in eine Skizze eingetragen (z.B. jeweils Sonnenaufgang, Sonnenstand um 12 Uhr Mittag und Sonnenuntergang). Die Veränderungen vom Winter- zum Sommerhalbjahr sind oft ganz enorm und bei der Terrassenplanung zu beachten.

Sicherer Zugang zur Terrasse für Jung und Alt

Sichere Zugänge

Wer gern seine freie Zeit im Garten verbringt, soll dies auch ungehindert tun können. Freisitze brauchen gute Zugänge. So führt etwa eine Fenstertür vom Wohnzimmer aus direkt zur Hausterrasse. Aber auch Zweitsitzplätze im Garten sind auf festen Wegen jederzeit einfach zu erreichen. Immerhin soll auch die Versorgung der Gäste mit Getränken und Speisen ohne Hindernisse rasch möglich sein. Es dürfen keine Stolperfallen stören. Bei Nacht weisen Gartenleuchten den Weg und bewahren vor Unfällen. Insbesondere müssen dann Gefahrenstellen wie Teiche oder Schwimmbecken gut erkennbar sein.

Gezielt vorgehen – Fehler vermeiden

Bevor Sie einen Auftrag an eine Baufirma erteilen oder selbst zur Tat schreiten, ist es ratsam, **Kostenvoranschläge** von verschiedenen Firmen einzuholen und **Baustoffpreise** zu vergleichen. Dabei ist ein Entwurf hilfreich, der nach eigenen Vorstellungen auf ein Blatt Papier übertragen wird. Eine **einfache Skizze** ist zunächst gut genug. Sie hilft auch den Architekten der Bau- oder Gartenbaufirmen bei der Planung und macht den Bedarf an Pflastersteinen, Schotter und anderen Materialien deutlich. Als Vorlage für eine solche Skizze kann ein vorhandener Hausplan nützlich sein.

In eine Kopie davon lassen sich dann die genauen Maße eintragen.

Während Nebensitzplätze im Garten in Eigenregie entstehen können, sollte vor der Anlage von **Hausterrassen** stets eine Fachkraft konsultiert werden. Die eventuellen Kosten für eine **Beratung** machen sich langfristig bezahlt, da sich Fehler vermeiden lassen. Auch bei der Ausführung der Arbeiten kommt der Einsatz von Fachleuten oft günstiger als die Eigenleistung.

Jedenfalls sollten solche Arbeiten an Firmen vergeben werden, die eine besondere Ausbildung oder spezielle Geräte erfordern. So lassen sich etwa die Wege und Plätze am Haus nur mit guten Kenntnissen exakt an Zufahrten, Treppen und Gebäude anbinden. Die Mithilfe bei diesen Arbeiten in Form von Beton mischen, Pflastersteine transportieren und dergleichen vermindert die Kosten. Weniger wichtige Nebenwege und Zweitsitzplätze können dann wieder im Eigenbau entstehen.

Baubestimmungen beachten

In den meisten Gärten ist der Bau von Terrassen ohne besondere

Hausterrasse aus Holz

Genehmigung erlaubt, soweit es sich um ebenerdige Objekte handelt, z. B. Pflasterfläche am Haus, Zweitsitzplatz unterm Baum oder eine Holzterrasse am Gartenteich. Anders sieht es mit Terrassen aus, die mit Wintergarten, verglasten Pergolen, hohen Sichtschutzwänden oder anderen Bauten kombiniert werden. Für solche Objekte ist fast immer ein genehmigter Bauplan nötig. Sie sollten schon bei der Hausplanung berücksichtigt werden. Das erspart nachträgliche Planungskosten und Anträge.

Zudem kann es auch in Wohnsiedlungen Einschränkungen für einfache, ebenerdige Sitzplätze geben. Insbesondere sind in modernen Anlagen, die einen bestimmten Charakter haben und behalten sollen, die **Vorschriften** zu beachten. Auskunft darüber erhalten Sie über das zuständige **Bauamt**, über den Architekten des Hauses oder indem Sie in der **Bauordnung** nachschlagen. In der Bauordnung sind auch andere Regelungen festgeschrieben wie z. B. Grenzabstände oder Zaunhöhe.

Baustoffe

Holzpflaster

Pergola aus Stein und Stahl

Obwohl oder gerade weil schöne Tage gezählt sind, haben richtig geschaffene Freisitze im Garten einen besonderen Wert. Damit das nach der Anlage auch so bleibt und keine unerwünschten Nebeneffekte auftreten, ist außer einer umsichtigen Planung auch eine gezielte **Materialauswahl** nötig.

Keinesfalls dürfen aus Kostengründen Billigprodukte beschafft werden, die beispielsweise nicht frostbeständig oder wetteranfällig sind. Das gilt insbesondere für Bodenbeläge und Holzbauteile. Schon hier sei darauf hingewiesen, dass es diesbezüglich gravierende Unterschiede gibt. So sind **Terrassenböden** oder **Pergolen** aus **Holz** stets den Elementen aus **Stein** bzw. **Metall** hinsichtlich ihrer Beständigkeit unterlegen. Selbst teure Robinien- oder Eichenbohlen, -balken oder -bretter fallen früher oder später dem »Zahn der Zeit« zum Opfer.

Nahezu unbegrenzt haltbar sind dagegen **Granit-, Klinker-** oder **Betonbaustoffe**. Sie bekommen mit den Jahren sogar eine Patina aus Moosen und Flechten. Langfristig gesehen sind solche Materialien sogar preiswerter als weniger haltbare Holzprodukte, die schon wenige Jahre nach dem Bau morsch werden können oder Schadstellen aufweisen. Selbst die Imprägnierung mit hochgiftigen Mitteln kann die Lebensdauer von Hölzern nur geringfügig verlängern (vgl. »Geeignete Holzarten«, ab Seite 20 sowie »Konstruktiver Holzschutz«, ab Seite 42).

Dennoch sollten Holzbaustoffe selbstverständlich nicht ganz ausgeschlossen werden. Liebhaber dieses natürlichen Materials nehmen die geringe Haltbarkeit in Kauf, zumal die Bearbeitung einfacher ist als die von Naturstein. Zudem gibt es Einsatzgebiete, wo das Holz wiederum dem Stein überlegen ist. So macht das Sitzen auf einer harten, kalten Steinbank keine Freude, während Holzmöbel eher zum Verweilen einladen.

Verschiedene **Baustoffe** lassen sich auch vorzüglich **kombinieren**. Während beispielsweise die Terrasse einen dauerhaften Belag aus Natursteinen bekommt, kann die Möbelausstattung aus Holz beschaffen sein. Hölzerne Stühle, Tische und Bänke lassen sich leicht wegräumen oder abdecken und so vor der raschen Verrottung bewahren.

Idyllischer Sitzplatz mit Rosenbogen

Profitipp
Wählen Sie vorzugsweise Baustoffe, die aus der Region stammen. Sie passen meist besser zum Garten als fremdartige Materialien; außerdem sparen Sie lange Transportwege.

Damit die Ästhetik stimmt
Natürlich müssen die Baustoffe zum Wohnhaus und zur Gartenanlage passen. Obwohl die Gartengestaltung mehr Spielraum zulässt als die Einrichtung der Wohnräume, sollte sie dennoch auf den Gartentyp, die Umgebung und die vorhandenen Elemente abgestimmt sein. So wirken rustikale Holzmöbel in einem zarten Blu-

mengarten möglicherweise zu klobig, während leichte **Sitzplätze** aus **Schmiedeeisen** den Charakter zusätzlich betonen. An einem Zweitsitzplatz unter einer alten Baumkrone können dagegen selbst gemachte Rundholzmöbel besser passen als **Klappmöbel** aus **Metall**. Die Einrichtung und Ausstattung der Terrassen und Sitzplätze bedarf stets einer umsichtigen Auswahl. Sie kann aber auch nach und nach erfolgen. So machen einfache **Kunststoffmöbel** die Nutzung der Terrassen sofort nach dem Hausbau möglich. Sie lassen sich bei Gelegenheit immer noch durch exklusive Sitzelemente ersetzen. Bis dahin leisten sie viele Jahre gute Dienste.

Materialkunde: Baustoffe

Ein Sitzplatz im Garten für gemütliche Stunden

Der billigste »Baustoff« für einen **Sitzplatz im Garten** liegt sozusagen vor der Haustür. Zum Aufstellen einiger Stühle und Bänke ist die Gartenerde gut genug – besonders, wenn sie einen »Belag« aus Rasengräsern hat. Ein **Rasensitzplatz** lässt sich jederzeit installieren. Er kann auch weiterhin ein beständiges Element im Garten bleiben – während nach und nach an anderen Stellen befestigte Sitzplätze entstehen. Ein Rasensitzplatz passt gut unter einen vorhandenen

alten Hausbaum. Er schont das Wurzelwerk, zumal keine tief greifenden Erdarbeiten nötig sind.

Die Rasengräser ertragen die gelegentliche Nutzung. Sie erholen sich wieder, wenn sie nicht überstrapaziert werden. Ein Rasensitzplatz bietet sich auch für Gartenfeste an, zumal danach eine ausreichende Erholungszeit bleibt. Das Gras wird vor dem Aufstellen der Möbel kurz gemäht. Stoffzelte können als Sonnen- und Regenschutz dienen.

Schotter

Auf Rasenplätzen, die häufig benutzt werden, machen sich mit der Zeit Kahlstellen bemerkbar. Es lohnt sich, solche Plätze richtig zu befestigen, zumal sie offensichtlich beliebt sind. Das kann z. B. mit Hilfe von Schotter geschehen. Schotter bietet die Festigkeit eines massiven Belags und er versiegelt dennoch den Boden nicht. In den Fugen gehen Gräser auf, die mit der Zeit einen recht dichten Teppich bilden und dadurch einen so genannten Schotterrasen entstehen lassen.

Profitipp

Schotter ist ein sehr billiges Baumaterial; eine Tonne ist für etwa 15 € zu bekommen. Es empfiehlt sich, möglichst eine volle Fuhre zu bestellen, damit sich die Transportkosten lohnen. Schotter wird immer wieder gebraucht, so etwa beim Bau von Wegen und anderen befestigten Plätzen.

Splitt

Wer einen feineren Belag haben möchte, kann statt der groben Schottersteine auch Splitt verwenden, der aus kleinen Steinchen besteht. Je nach Bedarf und Art der Anlage ist zwischen Granit- und Kalkschotter oder Kalksplitt zu wählen. Granitsteine geben der Fläche eine graue Farbe. Kalkschotter oder -splitt sieht gelblich aus.

Sicherheitstipp
Der Terrassenbau ist stets mit großen körperlichen Anstrengungen verbunden. Sorgen Sie schon von Anfang an für Arbeitserleichterungen wie gute Transporter, feste Handschuhe und stabile Werkzeuge. Dadurch lassen sich Verletzungen vermeiden. Und vor allem – übernehmen Sie sich nicht, sonst muss die fertige Terrasse später als »Krankenlager« zum Auskurieren von Rückenproblemen dienen.

Klinker
Genauso wie Ziegeldächer besser in die Landschaft passen als Asbestzementdächer, so sehen auch Ziegelböden im Garten schöner aus als Betonflächen. Beim Terrassen- oder Wegebau kommen allerdings nur spezielle Ziegel zum Einsatz. Diese **Pflasterklinker** sind aus besonderen Tonmischungen; sie werden bei hohen Temperaturen gebrannt. Das macht sie extrem frosthart und wetterfest.

Profitipp
Gewöhnliche Ziegel für den Hausbau eignen sich nicht als Pflastersteine; sie zerbröseln mit der Zeit.

Pflasterklinker haben ihren Preis. Sie kosten wesentlich mehr als einfache Betonsteine.

Klinker trocknen nach Regen rasch ab und haben sich als trittsicher und rutschfest bewährt. Sie sind zudem streusalz- und laugenbeständig.

Es gibt diese Pflastersteine in unterschiedlichen Formen und Farben. Neben Normsteinen mit rechteckigen Oberflächen sind auch quadratische Klinker erhältlich, ebenso Fischformen und TT-Formen für Verbundpflaster.

Normziegel (NF) haben eine Größe von 24 cm x 11,5 cm x 7,1 cm. Die Farben Rot, Erdbraun oder Blaubunt sind lichtbeständig. Zu beachten ist, dass die Klinker je nach Brenntemperatur und Tonmischung ständig anders ausfallen können. Beim Legen sollten die Steine von verschiedenen Paletten genommen und gemischt werden.

Pflasterarten: Klinker, Granit

Kieselpflaster

Betonsteine kombinieren

Natursteinpflaster

Betonsteine

Wie beim Hausbau hat sich der Beton auch im Garten als wertvoller Baustoff durchgesetzt. Beton ist eine Mischung aus Kies und Zement. Zement entsteht aus gebranntem Kalk. So gesehen ist Beton durchaus ein Naturprodukt. Allerdings kommt es wirklich darauf an, was damit gemacht wird.

Versiegelte Flächen sind jedenfalls zu vermeiden. Vielmehr ist Beton für Fundamente unersetzlich. Betonpflaster können stellenweise passend sein – etwa an kleinen Zweitsitzplätzen.

Sie lassen sich auch sehr gut mit anderen Materialien kombinieren. So bildet beispielsweise ein unauffällig graues Pflaster aus Betonsteinen eine unaufdringliche Grundlage für rote Terrakottakübel mit üppigen grünen Pflanzen.

Betonpflastersteine sind wie Klinker in vielen Größen, Formen und Farben im Handel erhältlich. Sie haben sich in der Praxis als ebenfalls trittsicher und frostbeständig bewährt. Für dieses Baumaterial spricht vor allem der verhältnismäßig niedrige Preis und die einfache Beschaffung.

Natursteine

Feldspat, Quarz und Glimmer machen den oberflächlich grau wirkenden **Granit** attraktiv. Dieses harte Urgestein kommt erst bei näherer Betrachtung richtig zur Geltung. Granit ist wie die meisten anderen echten Natursteinarten eines der teuersten Baumaterialien.

Neben den Granitkopfsteinen haben Granitquader einen besonderen Wert als Terrasseneinfassungen oder für Treppen und Absätze.

Neben Granit hat sich **Porphyr** als Natursteinbelag etabliert. Dieses Vulkangestein hat ähnlich gute Eigenschaften wie Granit. Es ist in symmetrischen Formen als Pflaster oder in großen Platten zu bekommen. Im Handel sind zudem Bruchplatten mit unregelmäßigen Formen erhältlich. Weitere Natursteinplatten bestehen je nach Herkunft aus **Kalk** (z. B. Solnhofener Platten), **Sandstein** oder **Marmor**.

Für Terrassenbeläge eignen sich nur spezielle **Fliesen** für stärkere Beanspruchung (Abriebgruppe IV). Auch diese recht strapazierfähigen Produkte sind empfindlicher als Vollziegel (Klinker) oder massive Naturstein- oder Betonplatten.

Materialien für den Unterbau

Beton

Während Beton als Bodenbelag oder als sichtbarer Baustoff etwa für Wände oder Sockel nur stellenweise Verwendung findet, zumal die mattgraue Oberfläche weniger dekorativ wirkt, hat dieses Gemisch aus Kies und Zement einen besonderen Wert als Grundlage für andere Baustoffe. So können **Betonfundamente** beispielsweise als Auflager für die Balken einer Holzterrasse dienen oder für eine Pergola.

Magerbeton aus **Kies** und geringem Anteil von **Zement** gibt Treppenstufen oder Kantensteinen festen Halt. **Streifenfundamente** aus Beton bilden eine sichere Basis beispielsweise für eine massive Sichtschutzmauer, die aus Ziegeln gebaut wird.

Beton lässt sich recht einfach und preiswert selber mischen. Der frische Beton ist noch zäh und formbar. Er kann in beliebige Formen und Schalungen gefüllt werden und härtet dann nach wenigen Tagen aus. Das völlig **verrottungsfeste Material** hat sich deshalb nicht nur für Fundamente bewährt, sondern auch beim Bau von **Stützwänden** und anderen Sicherungselementen.

Unterbau für eine Terrasse mit Klinker

Schotter und Splitt

Wie im Straßenbau dient Schotter als **Unterbau** für **Platten-** oder **Pflasterbeläge**. Die kleinen kantigen Bruchsteine bilden nach dem Verdichten mit einer Rüttelplatte eine sehr tragfähige Basis. Kalkschotter wird auf Bestellung wie Kies oder Sand per LKW geliefert (Adressen von Speditionen stehen im Telefonbranchenbuch). Falls nötig, können kleine Mengen auch mit einem PKW-Anhänger von einem Schotterwerk abgeholt werden, beispielsweise für den Bau eines Zweitsitzplatzes.

Zum Verlegen von Platten oder Pflastersteinen ist Schotter dagegen zu grob. Nach dem Rütteln bekommt die Schotterdecke einen dünnen Belag aus Splitt. Diese feinen Steinchen lassen sich leicht ebnen (»abziehen«) und machen das Plattenlegen oder Pflastern möglich. Sie verkanten sich dann nach dem Rüttcln der fertigen Fläche ebenso wie der Schotter sehr fest und bilden eine tragfähige Auflage. Splitt wird ebenfalls auf Bestellung geliefert. Die feinen Steinchen sind etwas teurer als grober Schotter. Es gibt beigen

Splitt zum Verfugen

und die Steine sind einfacher zu legen als direkt auf dem gewachsenen oder vorhandenen Boden, der gewöhnlich mit Wurzelstücken, Steinen und Erdklumpen durchmischt ist. Statt Splitt kann auch gewöhnlicher **Bausand** verwendet werden, der sich ebenso leicht abziehen (ebnen) lässt. Bei der Gelegenheit können Sandreste, die noch vom Hausbau vorhanden sind, gut genutzt werden. Auch alter Spielsand ist dafür zu gebrauchen. Selbstverständlich müssen Terrassen oder Plätze am Haus richtig aufgebaut und beschaffen sein.

Kalksplitt, grauen **Granitsplitt** und gelegentlich andere Arten dieses Natursteinmaterials. Splitt kann etwa auf Nebenwegen oder auf Zweitsitzplätzen auch als Bodenbelag dienen.

Massive Pflastersteine oder Platten lassen sich auf jeden Unterbau legen. So kann etwa beim Bau eines Zweitsitzplatzes unter Bäumen oder einer Grillstelle im Garten auf einen massiven Unterbau verzichtet werden. Es genügt, nach dem Entfernen der Rasensoden den Boden zu planieren, damit sich die Platten oder Steine richtig legen lassen. Auf dem gewachsenen Gartenboden liegt der Belag ausreichend fest, da solche Plätze nur als Sitzflächen dienen. Das Verfugen mit feiner Erde oder auch mit Quarzsand trägt zur Festigung bei.

Wie beim professionellen Pflastern und Plattenlegen auf einem massiven Unterbau aus Schotter erleichtert auch hier eine dünne Splittschicht die Arbeit. Damit ist die Vorbereitung einer gleichmäßig ebenen Fläche leichter möglich

Unterbau glatt rütteln

Geeignetes Fugenmaterial

Beim Verlegen der Pflastersteine oder Platten ergeben sich mehr oder weniger große Zwischenräume – je nach Art der Steine und Platten und je nach Verlegetechnik (vgl. zum Thema: »Selbst Höfe und Wege pflastern«, in der gleichen Reihe erschienen). So bleiben zwischen Bruchplatten große, unregelmäßige Fugen, die einen großen Teil der gesamten Fläche einnehmen und sich immer bemerkbar machen. Solche Fugen müssen möglichst mit Materialien verschlossen werden, die unauffällig aussehen oder eine gezielte Wirkung haben. So können beispielsweise graue Granitbruchplatten durch das Verfugen mit grauem **Mörtel** harmonisch eingebunden werden. Genauso ist natürlich das Verfugen solcher Platten mit farbigem Mörtel möglich.

Profitipp

Achten Sie beim Verfugen mit Zementmörtel darauf, dass die Platten oder Steine möglichst sauber bleiben. Kleckse auf dem Belag, die sich natürlich nicht vermeiden lassen, sollten sofort gereinigt werden. Solange der Mörtel noch feucht ist, lassen sich Kleckse mit Wasser entfernen.

Quarzsand

Normalerweise dient Quarzsand zum Verfugen von Pflastersteinen mit glatten Oberflächen (z.B. Klinker). Dieser pulverfeine, beige Sand rieselt sehr leicht zwischen schmale Zwischenräume. Er festigt den Belag dennoch, zumal sich die kleinen Sandsplitter verkeilen. Quarzsand ist in Säcken abgepackt in Baumärkten oder Baustoffhandlungen zu bekommen. Er wird nach dem Pflastern in kleinen Haufen auf der ganzen Fläche verteilt und mit einem Besen in die Fugen gekehrt. Dabei muss es natürlich trocken sein. Quarzsandfugen sind wasser- und luftdurchlässig; sie verhindern Staunässe auf der Pflasterfläche.

Splitt

Granitsteine oder anderes grobes Material wird besser mit Splitt verfugt, zumal die Zwischenräume größer sind als bei Klinkerpflaster und anderen Steinen, die glatte Oberflächen haben. Der Splitt (Kalk- oder Granitsplitt) verkeilt sich zwischen den Pflastersteinen und festigt den Belag, insbesondere, wenn das Pflaster nach dem Verfugen nochmals mit der Rüttelplatte behandelt wurde. Der Splitt macht dennoch den Wasserabzug mög-

Mit Quarzsand verfugen

Granitsteine

Mörtel mischen

oder – wenn kleine Mengen genügen – in einer Mörtelwanne vermischt. Dazu wird zunächst ein wenig Wasser eingefüllt. Dazu kommen nun abwechselnd einige Schaufeln voll Kies und Zement. Falls nötig, gibt man noch Wasser dazu. Durch gleichmäßiges Durchmischen bildet sich die typische graue, zähe Masse, die dann nach dem Ausgießen in eine vorbereitete Schalung (z.B. aus Brettern) in wenigen Tagen aushärtet. Für **gewöhnlichen Beton** sind für 6 Teile Kies jeweils 1 Teil Zement nötig (z.B. 6 Schaufeln voll Kies, 1 Schaufel voll Zement) und dazu etwas Wasser zum Anrühren.

Für **Magerbeton**, der mit wenig Wasser recht trocken gemischt wird, genügen geringere Zementzugaben. Genauso lässt sich Mörtel etwa zum Mauern von Klinkerwänden mischen. Statt des Kieses für Beton dient zum Mörtelmischen Bausand.

lich. Spezielle Splittarten tragen auch zur Gestaltung bei. So macht beispielsweise beiger Kalksplitt graues Granitpflaster freundlicher.

Fugenmörtel
Zum Festigen von **Fliesenbelägen** sind spezielle Fugenmörtel nötig, die es in verschiedenen Qualitäten und Farben im Fachhandel gibt. Fürs Freiland kommen natürlich nur wetterfeste, frostsichere Produkte in Frage. In den **Zwischenräumen** von **Rasenpflaster** darf es gerne üppig grünen. Zum Verfugen dieser Beläge dient ein **Gemisch** aus **Splitt, Komposterde** und **Sand**, das mit Grassamen vermengt und

dann mit einem Besen eingekehrt wird. Die Gräser keimen in wenigen Wochen und breiten sich zügig in den Zwischenräumen aus. Regelmäßiges Abmähen fördert die Bestockung (Bildung kräftiger Büschel). Solche Rasenpflaster können vor allem zur Befestigung von Zweitsitzplätzen mit fest stehenden Gartenmöbeln genutzt werden.

Beton für Einfassungen
Für Randbereiche und kritische Zonen sind Einfassungen nötig. Dabei hat sich Beton bestens bewährt. Dieser Baustoff entsteht aus Kies, Zement und Wasser; diese Materialien werden im Betonmischer

Profitipp
Es gibt auch **fertige Mischungen** in Säcken, die nur mit Wasser angerührt werden. Ebenso sind **Kleber** für **Fliesen** in Pulverform erhältlich.

Geeignete Holzarten

Lärche

Fichte

Robinien

Buche

Pergolen, Sichtschutzwände, Holzmöbel und andere Gestaltungselemente können aus verschiedenen Hölzern gefertigt sein. Aus Kostengründen dienen meistens schnell wachsende Nadelhölzer als Rohstoff. In den Sägewerken werden vorwiegend Balken, Bretter oder Latten aus heimischer **Fichte** oder **Kiefer** angeboten. Zudem ist **Lärchenholz** zu bekommen. Seltener sind Harthölzer (z. B. **Eiche**) erhältlich. Auch die fertigen Elemente oder Bausätze für Pergolen, Zäune und dergleichen, die in den Baumärkten abholbereit liegen, werden aus preiswerten Holzarten gefertigt.

Möbel oder Bauteile aus tropischen Regenwäldern oder aus Nordamerika (z. B. **Redwood**) sind wesentlich teurer, zumal die Importkosten aufgeschlagen werden.

Profitipp
Aus ökologischen Gründen sollten Sie vorzugsweise heimische Hölzer zum Bauen verwenden.

Die Haltbarkeit ist durch einen **konstruktiven Holzschutz** (vgl. Seite 42) und durch Imprägniermittel gewährleistet. So können beispielsweise Pergolabalken aus Kiefer mehr als 20 Jahre halten, wenn sie luftig stehen und die Angriffsflächen abgeschirmt sind.

Das gilt auch für Terrassenböden aus Holz. Hier macht sich im Wesentlichen nicht die Art des Holzes bemerkbar, sondern die Holzschutztechnik. Beispielsweise werden Holzböden aus Eisenbahnschwellen, die ja aus besonders haltbaren, tropischen Harthölzern gefertigt sind, fast genauso schnell vom »Zahn der Zeit« angenagt wie einfache Kiefernbalken, wenn sie direkt auf dem Erdboden aufliegen.

Profitipp

Sehr günstig ist Holz aus heimischen Wäldern zu bekommen. Erkundigen Sie sich beim zuständigen Forstamt. Häufig weisen die Förster im Winter Waldstücke zum Auslichten auch an Privatpersonen aus. Bei der Gelegenheit sind schöne Baumstämme für einen geringen Betrag zu bekommen. Sie lassen sich dann von einem regionalen Sägewerk auf das gewünschte Maß zuschneiden.

Die Bearbeitung von gewöhnlichen Fichten- und Kiefernhölzern ist mit herkömmlichen Werkzeugen ohne Probleme möglich. Hinzu kommt, dass sich preiswerte Holzbauteile einfach wieder ohne großen Aufwand ersetzen lassen (z. B. einzel-

ne morsche Pergola- oder Sichtschutzteile).

Bei teuren Edelholzbauteilen, die ja früher oder später auch verwittern, ist der Verfall oder der Ersatz meistens mit etwas höheren Kosten verbunden.

Sichtschutz aus Holz – Ton in Ton

Holzschutzmittel

Pinsel für die Holzlasur

Sorgfältig auftragen

Im Handel sind verschiedene Holzschutzmittel zur Oberflächenbehandlung von Terrassenböden, Pergolabalken, Gartenmöbeln und dergleichen erhältlich. Im Freiland kommen nur Produkte zum Einsatz, die langfristig wetterfest sind. Das können Lacke, Lasuren, Öle, Wachse oder andere Mittel sein. Diese streichbaren oder sprühfähigen Flüssigkeiten gibt es in Dosen mit 0,25, 0,5, 1 oder 2,5 Litern Inhalt. Sie lassen sich – je nach Art – per Pinsel, Roller oder Sprüher auftragen.

Diese Holzschutzmittel aus Kunstharz oder aus natürlichen Stoffen (z.B. Pflanzenölen) bilden einen dünnen Überzug auf der Holzoberfläche, der Regenwasser abweist und vor Sonnenlicht schützt. In Verbindung mit einem Grundiermittel bleibt die Schutzschicht einige Jahre wirksam. Alle Holzschutzmittel dienen zugleich zur Farbgebung der Balken, Bohlen, Bänke usw.

Lacke

Holzschutzmittel, die einen dünnen, glänzenden Überzug bilden, sind Lacke. Es gibt sie in verschiedenen Farben. Zu empfehlen sind Produkte auf Wasserbasis, die keine oder nur wenige Lösungsmittel enthalten. Lacke sollten nicht direkt auf die rohe Holzoberfläche aufgetragen werden, sondern erst nach der Behandlung mit einem Grundiermittel. Das verbessert den Holzschutz und die Haltbarkeit. Achten Sie auf hochwertige Produkte, die sich gut streichen lassen und ausdauernd sind. Dennoch bleibt die Holzlackierung nur ein Schutz für wenige Jahre; der Anstrich muss immer wieder erneuert werden.

Profitipp

Wählen Sie zum Lackieren von Möbeln und anderen Holzbauteilen hochwertige Pinsel. Billigware verliert leicht Borsten, die dann im Lack kleben bleiben. Zum Reinigen der Pinsel ist Terpentin nötig.

Holzgrundierung

Vor dem Anstrich mit den gewünschten Lacken, Lasuren oder Ölen sollten die Hölzer erst eine Behandlung mit einem speziellen Grundiermittel bekommen. Diese Produkte machen den nachfolgenden Anstrich haltbarer und sie verlängern die Streichintervalle. Meistens wird auf den Dosen oder Ka-

Kanistern der Endbehandlungsmittel (Lacke, Lasuren etc.) darauf hingewiesen, ob eine Vorbehandlung nötig ist und welches Mittel sich dazu eignet.

Lasuren

Holzlasuren bilden keinen glänzenden Überzug, sondern einen matten Belag auf der Oberfläche. Anders als Lacke blättern Lasuren nicht ab. Die milchige Flüssigkeit dringt in die Holzzellen ein. Es gibt sie in verschiedenen natürlichen oder auch in bunten Farben.

Beizen

Diese Holzbehandlungsmittel dringen tiefer ins Holz ein als Lasuren, zumal sie dünnflüssig sind (etwa 3-5 mm). Sie lassen sich mit einem Pinsel oder Schwamm auftragen. Wie Lasuren werden Beizen nicht ausgewaschen und sie blättern auch nicht ab.

Profitipp

Verwenden Sie zum Streichen von Holzpfosten oder Treppen kein Altöl. Solche Mineralöle können in den Boden ausgewaschen werden, wo sie Schäden verursachen.

Kaltbitumen

Einen sicheren Holzschutz an den Bodenberührungsstellen bietet ein Anstrich mit Bitumen. Die schwarze Flüssigkeit wird wie Farbe aufgetragen. Es bildet sich dann nach dem Trocknen ein dünner fester Überzug, der völlig verrottungsfest ist. Ein Kaltbitumenanstrich kann beispielsweise zum Schutz von Holzpfosten oder Terrassenböden (an den Unterseiten) dienen, die mit Erde in Kontakt kommen. Dieses Mittel ist gewöhnlich in Fünf-Liter-Dosen erhältlich.

Ein Platz an der Sonne

Drähte, Schnüre, Baustahlmatten

Stahlseil für Schlinger

Nylonschnur

Baustahlmatten

Spalier aus Metall

Bewährt haben sich **Spaliere aus Metall** oder auch **Baustahlmatten**, die nach dem Zuschneiden mit einem Bolzenschneider einen Farbanstrich bekommen oder in einer Feuerverzinkerei behandelt werden.

Die verzinkten oder gestrichenen Baustahlstücke sind mit Hilfe von Ringschrauben und Dübeln an der Hauswand zu befestigen. Sie lassen sich dann bei Bedarf aushängen und mitsamt den Kletterpflanzen wegklappen, wenn ein neuer Anstrich der Hauswand fällig ist.

Aus **Baustahlgewebe** sind auch Rosenbögen und andere spezielle Kletterhilfen herstellbar. Diese Metallgitter sind im Baustoffhandel erhältlich. Sie dienen normalerweise zur Bewehrung von Betondecken. Anders als holzige Kletterpflanzen, wie Blauregen, Clematis oder Kletterrosen, brauchen einjährige Schlinger, z. B. Feuerbohnen, Glockenwinden oder Zierkürbisse, keine derart stabilen Kletterhilfen (obgleich sie natürlich auch für diese Pflanzen geeignet sind). Den einjährigen Arten genügen **Schnüre** aus **Nylon** oder **Naturfasern**, die beispielsweise an den Pergolabalken festgebunden werden.

Kletterpflanzen brauchen etwas zum Festhalten. Dazu dienen die Pergolabalken oder spezielle Kletterhilfen, die sich aus Metall fertigen lassen. Die Hilfskonstruktion richtet sich nach der Pflanzenart. So kommen Schlinger wie der Blauregen oder Baumwürger an **Stahlseilen** vorwärts, die sich am Haus oder zwischen zwei Balken montieren lassen. Die **verzinkten Seile** gibt es in Baumärkten und Metallwarenhandlungen in verschiedenen Stärken. Zum Befestigen gehören spezielle Spanner und Ringschrauben dazu.

Spreizklimmer wie Rosen oder der Winterjasmin, die sich mit den Trieben am Klettergerüst einspreizen, brauchen eine flächige Kletterhilfe.

Befestigungsmittel

Winkelverbinder, Lochbleche, Balkenschuhe

Die vielen verschiedenen **Winkelverbinder** aus **Metall** erleichtern den Aufbau von Holzkonstruktionen ganz erheblich, zumal sie schwierige und aufwendige Zapfverbindungen ersparen. Es gibt diese Konstruktionshilfen in vielen Ausführungen. So dienen **Balkenschuhe** beispielsweise zum Befestigen von Pergolen an der Hauswand. Einfache Winkel machen Eckverbindungen möglich. **Lochbleche** eignen sich zum Einsetzen von Sichtschutzelementen zwischen zwei Stützbalken usw.

Zur Montage sind **Schrauben** oder **Nägel** nötig, die ebenfalls in vielen Größen und Formen angeboten werden. Es lohnt sich, große Packungen zu kaufen, zumal Schrauben und Nägel immer wieder nötig sind.

Schrauben und Nägel aus Edelstahl

Neben verzinkten Nägeln und Schrauben, die ausreichend wetterfest und für Holzverbindungen im Freiland geschaffen sind, haben sich zum Zusammenbauen von besonderen Hölzern oder für Holzverschalungen **spezielle Schrau-**

ben oder **Nägel** aus **Edelstahl** bewährt. Sie verursachen später keine Rostflecken an den Holzelementen.

Bei verzinkten Nägeln hingegen kann durch das Einschlagen mit dem Hammer der Zinkbelag abblättern. Sie beginnen dann an diesen Stellen zu oxidieren. Das hat mit der Zeit Roststreifen an den Hölzern zur Folge.

Für Holzelemente, die einen Lacküberzug bekommen, genügen einfache Nägel oder Schrauben.

Profitipp

Manchmal sind einfache Industriebauteile wie Baustahlmatten, die normalerweise zur Bewehrung von Beton dienen, auch anderweitig nutzbar. So lassen sich Gewindestangen beispielsweise als Pfostenanker nutzen. Diese verzinkten Stahlstäbe werden nach dem Vorbohren der Balken unten in den Balken geschraubt und dann in die Punktfundamente einbetoniert. Sie sind genauso tragfähig wie gewöhnliche Pfostenanker, sie bleiben aber unsichtbar.

Winkelverbinder

Ringschrauben

Kletterpflanzen für Pergolen und Lauben

Kletterrose an verzinkter Baustahlmatte

Kletterrosen, Clematis, Weinreben und andere Kletterpflanzen sind wertvolle Lebewesen und Gestaltungselemente für jeden Garten. Sie grünen, blühen und fruchten und sind vielseitig einsetzbar. Je nach Art machen sie Pergolen, Spaliere und Wände lebendig. Bei der Auswahl ist die Art der Fortbewegung zu beachten. Es gibt Ranker, Spreiz- und Selbstklimmer sowie Schlinger.

Ranker hangeln sich mit speziellen Ranken am Klettergerüst hoch. Sie können nur dünne Gegenstän-de wie etwa Zaundrähte umfassen. Wer solche Typen pflanzen möchte, muss die Pergola oder das zu begrünende Gebäude mit entsprechenden Kletterhilfen, etwa mit Drähten, Schnüren oder Baustahlstücken versehen oder den Pflanzen durch das Aufbinden an den Pfosten nach oben helfen.

Das gilt auch für **Spreizklimmer**. Diese Pflanzen sind eigentlich Sträucher mit langen Trieben. Bei freiem Stand ohne Kletterhilfe entwickeln sie breite Büsche. Am Spalier spreizen sie sich ein und können nach oben wachsen.

Selbstklimmer saugen sich dagegen mit Haftwurzeln an der Unterlage fest und brauchen keine Hilfe nach oben. Nur bei Jungpflanzen, die nicht richtig festwachsen, kann es nötig sein, die Triebe zu heften, bis sie sichere Haftwurzeln entwickeln. Brüchiger Putz oder rissige Wände brauchen vorher eine entsprechende Behandlung, damit sie den Kletterpflanzen auf Dauer Halt geben.

Schlinger entwickeln keine Haftwurzeln. Sie sind deshalb vorzugsweise für Pergolen geeignet. Sie umwinden die Pfosten und schlängeln sich nach oben. Die Triebe verholzen mit den Jahren und stabilisieren die Konstruktion. Für die Wandbegrünung sind die Schlinger aber ungeeignet, es sei denn, sie bekommen eine Kletterhilfe. Auch für Maschendrahtzäune sind nicht alle Arten zu empfehlen. Glyzinen und Baumwürger entwickeln armdicke Äste, die in das Gewebe einwachsen und den Draht sprengen oder von ihm abgeschnürt werden.

Besonders üppig wachsen Pergolen und Zäune zu, wenn verschiedene Arten kombiniert werden, insbesondere sommergrüne und immergrüne Pflanzen. Quer durch das Kletterpflanzen-Sortiment gibt es nur wenige **immergrüne Arten**. Wer also auch im Winter grüne Blätter auf seiner Pergola sehen möchte, ist auf den Efeu, den immergrünen Spindelstrauch, das immergrüne Geißblatt oder den immergrünen Brombeerstrauch angewiesen.

Blauregen in weiß

Pflege

Kletterpflanzen brauchen keine besondere Pflege. Zur Ertragssteigerung sollten allenfalls Weinreben, Kiwis und Brombeeren geschnitten werden. Die anderen Arten werden erst richtig schön, wenn sie ungehindert wachsen dürfen. Die Größe der Pergola setzt ihnen ohnehin Grenzen. Selbst Kletterrosen müssen nur gelegentlich ausgeputzt werden, wobei dürres und erfrorenes Holz zu beseitigen ist. Allerdings nehmen alle Kletterpflanzen auch einen Rückschnitt hin. Der kann beispielsweise nötig sein, wenn sehr vitale Arten unters Dach kriechen.

Kletterpflanzen-Typen

Mehrjährige Kletterpflanzen	Blütezeit	Blütenfarbe	Früchte
Ranker			
Scheinrebe *(Ampelopsis aconitifolia)*	August	gelblich	orange
Waldrebe *(Clematis-Wildarten und Hybriden)*	Mai–August	bunt	haarig
Wilder Wein *(Parthenocissus quinquefolia)*	Juni	gelblich	blau
Weinrebe *(Vitis vinifera)*	Juni	gelblich	Trauben
Schlinger			
Kiwi *(Actinidia chinensis)*	Juni	creme	Kiwi
Pfeifenwinde *(Aristolochia macrophylla)*	Mai	braun, wie kleine Tabakpfeifen	
Baumwürger *(Celastrus orbiculatus)*	Juni	grün	orange
Knöterich *(Fallopia aubertii = Polygonum aubertii)*	Juli–Oktober	weiß	
Geißblatt *(Lonicera-Arten)*	Mai–Juni	gelb, rot	blau
Blauregen *(Glyzine, Wisteria sinensis)*	April/Mai	blau	Schoten
Hopfen *(Staudenhopfen, Humulus lupulus)*	Mai	grün	Zapfen
Spreizklimmer			
Kletterrosen *(Rosa-Sorten)*	Juni–Sept.	bunte Sorten	
Winterjasmin *(Jasminum nudiflorum)*	Januar–März	gelb	
Selbstklimmer			
Efeu *(Hedera helix)*	Oktober	grün	schwarz
Selbstklimmerwein *(Parthenocissus tricuspidata)*	Juni	grünlich	blau
Trompetenblume *(Campsis radicans)*	Juli	rot	
Spindelstrauch *(Euonymus fortunei var. radicans)*	unbedeutend		
Einjährige Arten			
Ranker			
Glockenwinde *(Cobaea scandens)*	Juni–August	blau, weiß	
Kürbis *(Cucurbita pepo)*	Juni–August	gelb	Kürbisse
Wicke *(Lathyrus odoratus)*	Juni–Sept.	blau, weiß, rot	
Schlinger			
Hopfen *(einjähriger, Humulus scandens)*	August	gelblich	
Prunkwinde *(Ipomoea purpurea)*	Juli–Sept.	lila	
Bohne *(Phaseolus-Sorten)*	Juni–Sept.	rot	Bohnen

Pflanzen für die Terrasse

Jede Terrasse lässt sich mit bunten Blütenpflanzen einladender gestalten. Es kommt vor allem auf die richtige Auswahl an.

Material- und Pflanzenliste

Bevor Sie zur Tat schreiten und Pflanzen, Kästen und Erde kaufen, ist unter Berücksichtigung der Lage und Größe der Terrasse zunächst eine Material- und Pflanzenliste hilfreich. Gewöhnlich bietet jede Terrasse gute Bedingungen für Sommerblüher.

An der Ost-, Süd- oder Westseite bekommen die typischen Sommerblüher genügend Sonne. Aber auch für Nordlagen oder für schattige Plätze – etwa durch Bäume oder Gebäude – gibt es Pflanzen, die mit wenig Licht auskommen.

Der verfügbaren Fläche entsprechend – zumal auch die Möbel und andere Gestaltungselemente Raum brauchen – lassen sich die Kästen, die Menge an Substrat und die Anzahl an Pflanzen errechnen oder abschätzen. Dazu sind noch Vliesmatten, Wasserauffangschalen und Befestigungselemente für die Kästen nötig. Eventuell lohnt sich die Anschaffung einer

Sommerblüher für eine sonnige Terrasse

Bewässerungsanlage, falls die Kästen keine Wassertanks oder ähnliche Einrichtungen haben.

Kübel, Kästen und Container

Das Wachstum der Pflanzen ist vom verfügbaren Erdsubstrat und von der Größe der Gefäße abhängig. Damit sie ausreichend versorgt sind, müssen die Gefäße richtig bemessen sein.

Die **Größe** richtet sich aber auch nach der Pflanzenart und Wuchsform. Außer der Größe ist das Material zu beachten. Insbesondere

sind Eigenschaften wie **Frostbeständigkeit, Verrottungsfestigkeit, Stabilität** und **Gewicht** wichtig. Es gibt Pflanzgefäße aus Ton, Beton, Faserzement, Gips, Naturstein, Holz, Metall und Kunststoff. Altbewährt und sehr schön sind **Ton-** oder **Terrakottagefäße**, die aus besonderem Ton bei sehr hoher Hitze gebrannt und dadurch frostfest sind; ihre Nachteile: Sie sind schwer und zerbrechlich. Außerdem verdunstet durch die poröse Wandung wertvolles Wasser, es sei denn, die Gefäße wurden glasiert.

Ein ähnliches Material, das im Rohzustand weich und formbar ist und nach dem Brennen bzw. Trocknen hart wird, ist **Faserzement** (Eternit). Dieser Stoff aus Zement plus faserigen Mineralien ist völlig wetterfest und unverrottbar und deshalb gut für Pflanzgefäße geeignet. Allerdings sind nur neue Produkte empfehlenswert, die garantiert kein Asbest enthalten. Diese Pflanzgefäße aus Faserzement gibt es in verschiedenen Größen und Formen. Wie Tongefäße sind sie jedoch auch ziemlich schwer und zerbrechlich.

Gefäße aus **Gips** haben ähnliche Eigenschaften wie Faserzementgefäße, deren weiße Wandung aber sehr edel wirkt; Gipsgefäße sind allerdings ebenfalls sehr schwer und zerbrechlich.

Tröge aus purem **Beton** oder **Mischbeton** (z.B. Torf-Beton oder Holz-Beton) sind gleichermaßen wie Natursteintröge äußerst robust und wetterfest, aber sehr schwer und nur für dauerhafte Standplätze auf der Terrasse geeignet.

Holzkübel und **-kästen** haben wie Tongefäße einen dekorativen Wert, vor allem wenn sie aus edlen Hölzern geschaffen wurden. Mittels passender Beschläge lassen sie sich recht gut transportieren, zumal sie robust und stoßfest sind. Allerdings ist selbst imprägniertes Holz nicht völlig verrottungsfest. Holzgefäße müssen nach einigen Jahren ersetzt werden, wenn sie morsch sind.

Pflanzgefäße aus **Kunststoff** haben den größten Marktanteil, weil sie praktisch alle guten Eigenschaften haben. Sie sind leicht, verrottungsfest, frostsicher und robust. Mit Hilfe von Strohmatten oder Holzschalungen lassen sich Kunststoffkübel zudem recht gut verkleiden.

Technische Details

Alle Pflanzgefäße fürs Freie müssen Wasserabzugsöffnungen haben, denn Staunässe – etwa nach einem Regenguss – ist für die meisten Pflanzen tödlich. Damit das überschüssige Wasser keine Bauschäden auf der Terrasse verursacht, gehören zu den Gefäßen auch Wasserauffangschalen, Übertöpfe oder ähnliche Behälter, die zu den entsprechenden Pflanzgefäßen passen. Ebenso wichtig wie der Wasserabzug ist die Wasserspeicherfähigkeit. Je größer die Gefäße sind, umso länger bleibt das Pflanzsubstrat feucht.

Erdsubstrat

Als Substrat eignet sich gewöhnliche Blumenerde oder eine spezielle Mischung für Kübelpflanzen. Die handelsüblichen Blumenerden sind vorwiegend Torfprodukte. Mittlerweile sind auch Mischungen aus Rindenhumus, Kompost und Gesteinsgranulat erhältlich, die ähnlich gute Eigenschaften haben wie die Torfprodukte. Gartenerde ist ungeeignet, weil sie bald zusammensackt und verkrustet. Auch reine Rindenerde ist ungeeignet.

Eine eigene Mischung aus Gartenerde, Rindenhumus, Kompost und Gesteinsgranulat (z.B. Perlite oder Blähton) ist jedoch durchaus eine gute Wachstumsgrundlage für Terrassenpflanzen.

Pflanzkombinationen

»Sommerblumen« sind meistens Züchtungen einjähriger Pflanzen, deren Ureltern aus verschiedenen Regionen der Erde stammen. In der nachfolgenden Tabelle erhalten Sie eine kleine Zusammenstellung von typischen Sommerblühern, die Ihre Terrasse durch ihre Farben und Düfte verschönern.

Pflanzen für sonnige Kästen

Art	Blütezeit	Blütenfarbe	Höhe
Sommeraster (Callistephus)	Juni–Oktober	bunt	20–60 cm
Federbusch (Celosia)	Juli–September	bunt	20–60 cm
Zinnie (Zinnia)	Juni–Oktober	bunt	20–50 cm
Chinesernelken (Dianthus chinensis)	Mai–September	rot, rosa	20–30 cm
Eisenkraut (Verbena-Hybriden)	Juni–Oktober	weiß, blau, rot	20–35 cm
Sommerplox (Phlox drummondi)	Juli–September	bunt	10–50 cm
Männertreu (Lobelia erinus)	Mai–Oktober	weiß, blau	hängend
Portulakröschen (Portulaca)	Mai–August	bunt	10–15 cm
Zwergdahlie (Dahlia)	Juni–Oktober	bunt	20–30 cm
Mittagsblume (Dorotheanthus)	Juni–August	bunt	10–15 cm
Petunie (Petunia)	Mai–Oktober	bunt	hängend
Ringelblume (Calendula)	Juni–Oktober	orange	20–50 cm
Studentenblume (Tagetes)	Mai–Oktober	gelb, orange	20–50 cm
Gazanie (Gazania)	Mai–September	gelb, rot, weiß	20–30 cm
Husarenknopf (Sanvitalia)	Mai–Oktober	gelb	10–25 cm
Blaues Gänseblümchen (Brachycome)	Juni–September	blau	20–40 cm
Leberbalsam (Ageratum)	Mai–Oktober	blau	20–50 cm
Fächerblume (Scaevola)	April–Oktober	blau	hängend

Materialkunde: Terrassenpflanzen

Winterharte Pflanzen für die Terrasse

Sobald die ersten Fröste den Flor der Sommerblumen vernichtet haben und auch die Kübelpflanzen im Winterquartier verschwunden sind, sieht es manchmal trist auf den Terrassen aus.

Wenn man bedenkt, dass die Wintersaison ebenso lange dauert wie die Sommerzeit, ist der begünstigte Platz am Haus als »Brachland« oder gar als Stellplatz für sperrige Güter zu schade. Immerhin kommt die Sonne auch im Winterhalbjahr immer wieder durch. Den kurzzeitigen Aufenthalt im Winter können Pflanzen angenehmer gestalten.

Natürlich sind es in dieser Jahreszeit keine Palmen oder Sommerblüher. Vielmehr tragen immergrüne Gehölze zur Gestaltung bei. Es sind dies heimische Wildarten oder Züchtungen, die auch in Pflanzgefäßen zurechtkommen.

Sie bleiben hier allerdings gedrungen im Wuchs und entwickeln wesentlich kleinere Kronen oder Büsche als in tiefgründigem Gartenboden. Das stört jedoch nicht, sondern kommt der Pflege und Versorgung auf der Hausterrasse nur entgegen.

Kiefern, Tannen oder Fichten sollen in den Kübeln und Kästen ohnehin nicht in den Himmel wachsen, sondern viele Jahre zwar vital, aber kompakt bleiben. Der eingeschränkte Wurzelraum hält den Ausbreitungsdrang in Grenzen.

Die immergrünen Gehölze sind ganzjährig in Gartenmärkten als so genannte Containerpflanzen erhältlich. Sie lassen sich jederzeit auf die Terrasse holen, sodass die Terrasse ganzjährig begrünt sein kann und damit hübscher aussieht.

Profitipp

Außer der Wasserversorgung – besonders im Regenschatten unter einem Dachvorsprung – brauchen die Immergrünen gelegentlich neue Nährstoffe. Die beste Zeit zum Düngen ist im Frühjahr, wenn sie austreiben. Ansonsten ist keine besondere Pflege nötig. Nur die nicht ganz frostharten, wie Lavendel oder Buchsbaum, bekommen in strengen Frostperioden einen Schutz mit luftigem Material.

Pflanze (Auswahl)	Größe	Besonderheit
Kirschlorbeer (Prunus laurocerasus)	1 bis 2 m	glänzend grünes Laub, Blüten im Frühjahr, recht gute Frosthärte, schnittverträglich
Buchsbaum (Buxus sempervirens)	ca. 1 m	recht gute Frosthärte, schnittverträglich; unbeschnittene Pflanzen blühen im Frühjahr
Zwergkiefer (Pinus mugo-Sorten)	ca. 0,5 m	verschiedene Wuchsformen; sehr robuste Kübelpflanzen
Zwergfichten (Picea -Sorten)	0,3 - 1 m	verschiedene Wuchsformen, z.B. konische Zuckerhutfichte oder buschige Igelfichte
Salbei (Salvia officinalis)	ca. 0,5 m	Heilpflanze mit silbrigem Laub; blüht im Sommer; bei strengem Frost Schutz mit Strohmatte oder ähnlichem luftigem Material
Lavendel (Lavandula angustifolia)	0,5 m	wie Salbei

Die wichtigsten Werkzeuge

Auf diesen beiden Seiten finden Sie Kurzbeschreibungen der wesentlichen Werkzeuge, die Sie benötigen, um Terrassen und Sitzplätze selbst zu bauen. Viele davon besitzt der passionierte Heimwerker ohnehin. Welche Werkzeuge Sie für einzelne Arbeitsgänge und -anleitungen brauchen, ersehen Sie aus den Abbildungen unter der Rubrik »Werkzeug«, die Sie bei allen Arbeitsanleitungen finden.

Werkzeuge zum Messen und Richten

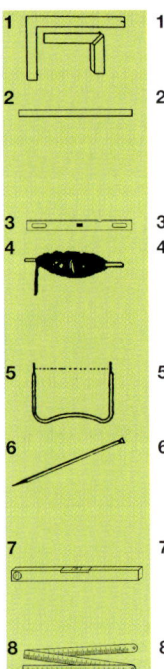

1 **Rechter Winkel:** Aus Stahl mit Schenkeln von 40 und 60 cm Länge, dient zum Richten von Ecksteinen etc.

2 **Richtlatte:** Zum Abziehen der Ausgleichsschicht vor dem Plattenlegen. Es genügt eine saubere Holzlatte mit parallelen Kanten. Die Länge schneiden Sie je nach Bedarf zu.

3 **Alu-Aufsetzlatte:** Zum Nachmessen.

4 **Richtschnur:** Aus Perlon, für die Absteckarbeiten. Sie ist ein wichtiges Hilfsmittel, um Verbund- und Pflastersteine in einer einheitlichen Flucht verlegen und Pfosten ausrichten zu können.

5 **Schlauchwaage:** Um den Untergrund über längere Entfernungen waagrecht ausrichten zu können.

6 **Schnureisen:** Dienen dem Ausfluchten. Sie sind 0,8 bis 1,2 m lang. 20 bis 30 mm im Durchmesser, gespitzt und aus Volleisen.

7 **Wasserwaage:** Sie enthält zwei Libellen zum Bestimmen der Horizontalen und der Vertikalen. Es gibt sie aus Holz oder Aluminium mit 60 bis 100 cm Länge.

8 **Zollstock:** Aus Holz, zusammenlegbar in 1 oder 2 m Länge.

Hilfsmittel für Erdarbeiten

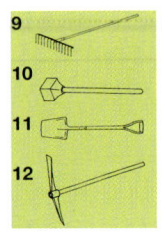

9 **Baurechen:** Mit groben Zinken für die Planierung von Erdreich.

10 **Handstampfer:** Zur Untergrundverfestigung und zum Einrütteln von Pflaster.

11 **Spaten:** Zum Abstechen und Ausheben von Erdreich.

12 **Spitzhacke:** Zum Lockern von Erdreich und für Arbeiten in festem, steinigem Untergrund ist eine Spitzhacke wichtig.

Verlegewerkzeuge

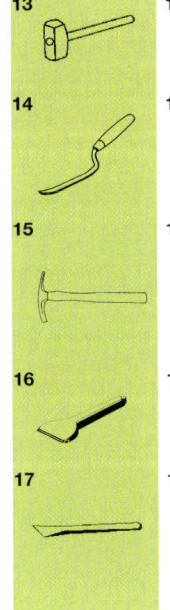

13 **Fäustel:** Werden in verschiedenen Größen im Gewicht von etwa 1000 bis 1500 g angeboten. Sie dienen dazu, Schnureisen einzuschlagen, Steine grob zuzuhauen etc.

14 **Fug(en)eisen:** Zum Ausfugen in verschiedenen Breiten von 0,8 bis 1,5 cm. Es ist als Hohleisen und als Flacheisen im Gebrauch, je nachdem, ob voll oder hohl ausgefugt werden soll.

15 **Maurerhammer:** Sie sind etwa 1500 g schwer. Mit der vorderen Schneidefläche führt man feinere Arbeiten auf leicht zu bearbeitendem Stein durch. Hauptsächlich wird mit der hinteren senkrechten »Schlagbahn« gearbeitet.

16 **Scharriereisen:** Sind Meißel mit etwa 50 bis 150 mm breiten Schneiden. Wichtig, um kleinste Unebenheiten von den Steinen zu entfernen.

17 **Schlagmeißel:** Meißel sind aus achtkantigem Stahl von 12/14/16/18/20 mm Durchmesser erhältlich. Ratsam ist eine Länge von 18 bis 22 cm. Mit dem Schlagmeißel lassen sich Kanten bearbeiten und gröbere Unebenheiten von der Oberfläche entfernen.

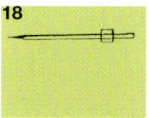

18 Spitzmeißel: Sind ebenfalls aus achtkantigem Stahl von gleichem Durchmesser und gleicher Länge wie der Schlagmeißel, jedoch auf Spitz geschmiedet. Es lässt sich damit grob die Oberfläche bearbeiten.

Elektrowerkzeuge und Maschinen

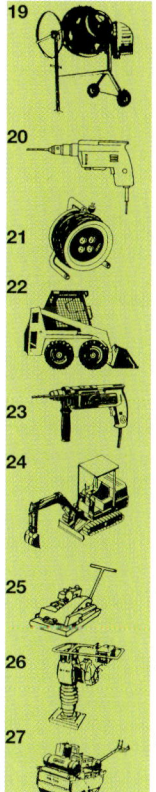

19 Betonmischmaschine: Für das Mischen größerer Mengen von Beton. Die Anschaffung eines Mischers lohnt sich meist für den Privatmann nicht, deshalb empfiehlt sich das Ausleihen.

20 Bohrmaschine: Mit rechts- und linksdrehendem Lauf für Schraubarbeiten. Gleichzeitig mit Schlagbohrvorrichtung für Bohren in Stahlbeton.

21 Kabeltrommel: Sie sollte mindestens 50 m Kabel führen.

22 Kleinlader: Wird am besten mit Bedienungspersonal ausgeliehen. Berechnet wird nach Arbeitsstunden inklusive Anfahrt. Der Kompaktlader wird für Aushub und Transport eingesetzt.

23 Meißelhammer: Dient mittleren Meißelarbeiten und kann ausgeliehen werden.

24 Minibagger: Eignet sich beispielsweise für den Aushub von Fundamentgräben, jedoch weniger für den Transport von Material. Es lohnt sich, den Minibagger mit Bedienung auszuleihen.

25 Rüttelplatte: Wird für größere Flächen mit einer zu verdichtenden Aufschüttung von 40 cm eingesetzt.

26 Rüttelstampfer: Für die Verdichtung von kleineren Flächen mit über 40 cm starker Aufschüttung. Tiefenwirkung etwa 60 cm.

27 Rüttelwalze: Ideal zum Abwalzen und Abrütteln. Durch die Rollbewegung wird das zurechtplanierte Material nicht mehr verschoben.

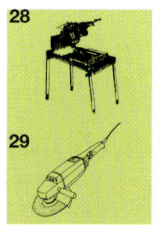

28 Steinsägetisch: Kann ausgeliehen werden. Eignet sich besonders zum nassen Zuschneiden von Steinplatten, Klinkern und Platten jeglicher Art auf das gewünschte Maß.

29 Winkelschleifer: Für den Trockenschnitt von Steinmaterilien. Das Gerät kann ausgeliehen werden. Vorsicht! Starke Staubentwicklung.

Werkzeuge zur Holzbearbeitung

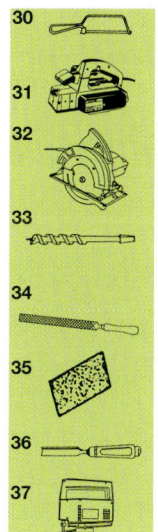

30 Bügelsäge: Besonders gut zum Zusägen von weniger starken Vierkant- oder Rundhölzern geeignet.

31 Elektrohobel: Glättet sägeraues Holz.

32 Hand- oder Tischkreissäge: Dient zum Ansägen von stärkeren Rund- und Kanthölzern. Die Handkreissäge befestigen Sie am besten an einem geeigneten Werktisch.

33 Holzbohrer: Benötigen Sie, um die Löcher für haltbare Schraubverbindungen beim Bau von Holzdecks vorzubohren.

34 Holzraspel: Zur gröberen Holzbearbeitung und zum Brechen der Kanten bei Vierkanthölzern.

35 Schleifpapier: Benötigen Sie, um noch raues Holz nach dem Raspeln oder Feilen zu glätten.

36 Stemmeisen: Für das Ausstemmen von Kerben bei Holzverbindungen.

37 Stichsäge: Zum Ablängen von Latten, Rund- und Kanthölzern, deren Durchmesser weniger als 60 mm beträgt.

Hilfswerkzeug

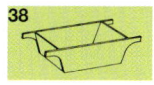

38 Mörtelwanne: Zum Anrühren von Mörtel oder Mischen von Beton.

Boden vorbereiten

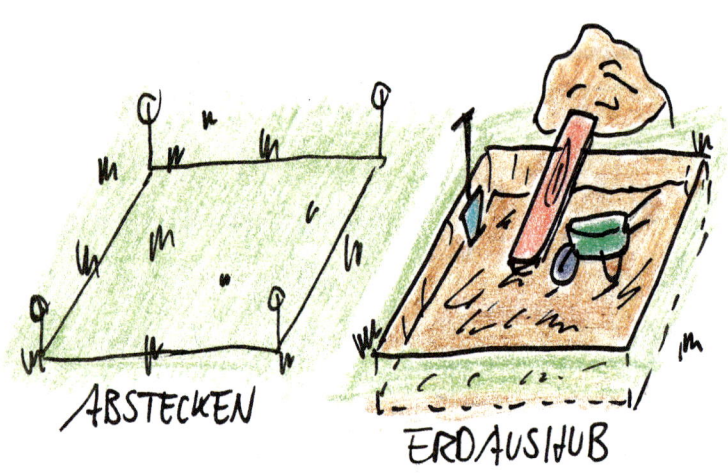

Abstecken   **Erdaushub**

Unterbau

Sobald der passende Ort für einen Sitzplatz oder eine Terrasse ausgewählt und die Art der Gestaltung ungefähr festgelegt wurde (z.B. Pflasterfläche mit Rosenpergola), können die Bodenvorbereitungen beginnen. Gewöhnlich ist die Fläche mit Humusboden bedeckt und mit Rasen begrünt – jedenfalls bei einer Baustelle, die abseits vom Haus im Garten liegt. In diesem Fall muss zunächst der Boden abgetragen und zwischengelagert oder an anderer Stelle verteilt werden. Die Tiefe des Erdaushubs richtet sich nach dem Belag. Für alle massiven Pflaster- und Plattenbeläge ist jedenfalls ein Unterbau aus Schotter nötig. Der sollte eine Dicke von etwa 20 cm haben. Darauf kommt nach dem Verdichten mit der Rüttelplatte eine etwa 5 cm dicke Splittschicht zum Ausgleichen und Verlegen der Steine oder Platten. Hinzu muss noch die Dicke des Belags gerechnet werden. So ist für einen solchen Sitzplatz ein **Erdaushub** von etwa 30 bis 40 cm Tiefe nötig – je nach Art des Belags.

Messen Sie zunächst die Fläche aus und stecken Sie zur Markierung Pflöcke in den Boden. Diese geben den Verlauf beim Erdaushub vor, ohne zu stören. Tragen Sie dann die obere Bodenschicht ab und lagern Sie gute Gartenerde abseits. Danach folgt der **Aushub** des **Unterbodens**, der getrennt von der fruchtbaren **Oberbodenschicht** zu lagern ist. Während der Erdaushub erfolgt, können die Baustoffe (Schotter, Splitt und Pflastersteine) bestellt und geliefert werden. Beim nachträglichen Terrassenbau am Haus erfolgen dieselben Arbeitsschritte. Allerdings lassen sich die Vorbereitungen schon im Zuge der Hausbauarbeiten erledigen (z.B. Fundamente betonieren, Einfassungen schaffen etc.). In diesem Fall bleibt Ihnen der Erdaushub erspart, zumal noch keine Humusdecke vorhanden ist.

Nebensitzplätze brauchen nicht immer einen tragfähigen Unterbau. Manchmal ist es möglich, die Platten oder Pflastersteine direkt auf den gewachsenen Boden zu legen. Damit der Belag bündig zur Rasenfläche anschließt, muss nur die oberste Bodenschicht abgetragen werden.

Die Platten oder Pflastersteine lassen sich dann direkt ohne Schotterschicht in dieses Bett legen. Störende Steine und Wurzelstücke

Erdaushub

sind beim Abziehen mit der Richtlatte zu entfernen. Eine dünne Sandauflage (z.B. Reste vom Hausbau) erleichtert die Pflasterarbeiten. Zum

Verfugen eignet sich feine, trockene Erde. Sie kann mit Rasensamen vermischt werden, wenn ein Rasenpflaster erwünscht ist.

Unterbau und Fundamente ausführen

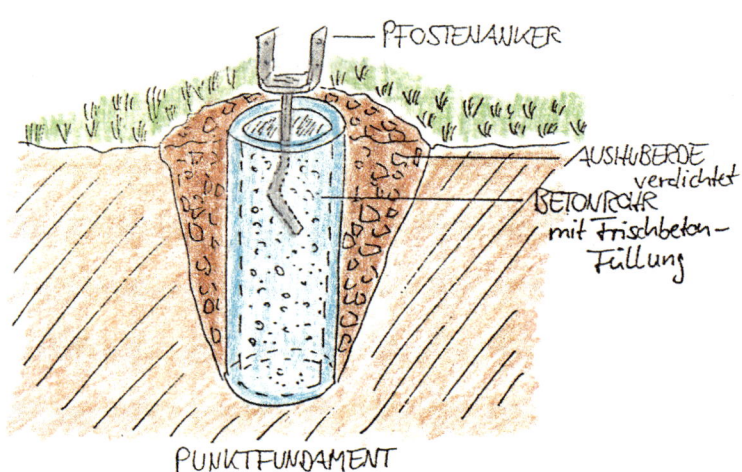

PFOSTENANKER

AUSHUBERDE verdichtet

BETONROHR mit Frischbeton-Füllung

PUNKTFUNDAMENT

Punktfundament

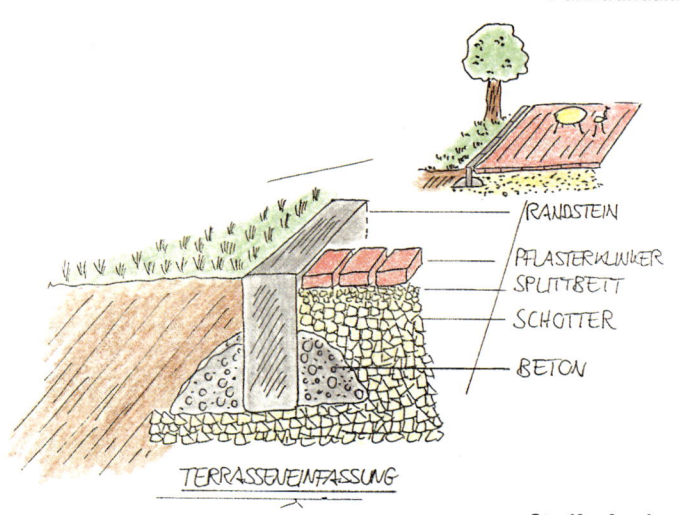

RANDSTEIN

PFLASTERKLINKER

SPLITTBETT

SCHOTTER

BETON

TERRASSENEINFASSUNG

Streifenfundament

Die **Terrassenflächen** im Garten sollten möglichst unversiegelt sein. Durch die Sandfugen und den Schotterunterbau ist der Regenwasserabzug möglich. Außerdem wird der Gasaustausch nicht verhindert. Sauerstoff kann in den Boden eindringen, Kohlendioxid entweicht. Geschlossene Beton- oder Teerflächen decken den Boden dagegen dicht ab. Sie sind im Garten zu vermeiden. Allerdings kann stellenweise nicht auf Beton verzichtet werden. So brauchen beispielsweise Treppen, Randsteine oder Pergolen massive, **frostsichere Fundamente**. Dafür genügen schmale Streifen- oder Punktfundamente, die sich mit wenig Beton anlegen lassen.

Bewährt haben sich Betonrohre, die es in verschiedenen Größen im Baustoffhandel gibt. Sie lassen sich in den Boden einsenken, mit frischem Beton vollfüllen und dienen als tragfeste und völlig verrottungssichere **Punktfundamente** für **Holzbauten** wie **Spaliere, Sichtschutzwände** oder **Pergolen**. Die schmalen, langen Rohre (z.B. mit 20 cm Durchmesser und 100 cm Länge) ersparen viel Beton und gründen dennoch in frostsicherer Tiefe. Damit die Holzbauteile luftig stehen, können Pfostenanker aus Metall in den noch frischen Beton eingesetzt werden. Solche **Punktfundamente** eignen sich auch als Auflager für **Holzterrassen**. Die Anzahl der einzelnen Fundamente richtet sich nach der Größe der Terrassenfläche und nach der Beschaffenheit der Balken. Je dicker die Balken, umso größer können die Abstände zwischen den Punktfundamenten sein.

Streifenfundamente sind für den **Bau von Mauern** oder **Sichtschutzwänden** als tragfähiger Unterbau nötig. Sie können auch als massive **Einfassungen** für Terrassenbeläge dienen. Dazu wird ein schmaler Graben ausgehoben und mit Beton gefüllt. In dieses Fundament lassen sich nun die Randsteine setzen. Eine Richtschnur, die vorher gespannt wurde, gibt die Höhe vor.

Fliesen brauchen natürlich ein **ganzflächiges Fundament**. Der Unterbau erfolgt wie bei einem Belag mit Pflastersteinen oder Platten (Erde ausheben, Schotter einfüllen und verdichten). Allerdings kommt auf den Schotter kein Splitt, sondern eine massive, ca. 20 cm dicke Betondecke. Dazu wird die Fläche

Schotterunterbau

mit einer Holzschalung (z.B. aus Brettern) eingefasst, die den frischen Beton in Form hält, bis er austrocknet und härtet.

Zur Bewehrung dienen Baustahlmatten. Sie verhindern Risse im Beton. Der frische Beton wird nach dem Einfüllen mit einer Richtlatte abgezogen, sodass eine glatte, ebene Fläche entsteht. Darauf lassen sich dann nach dem Aushärten und Auftragen des Klebers die ausgewählten Fliesen legen.

Fläche und Material bemessen

Die Baustoffe für die Terrassen und das Zubehör werden per LKW zur Baustelle geliefert. Für die Bestellung von Schotter, Splitt und Pflastersteinen sind genaue Mengenangaben nötig. Dazu müssen die Materialien zunächst berechnet und aufgelistet werden. Die Berechnung der Baustoffe erleichtert eine grobe Handskizze, die direkt am Ort angefertigt wird. Nach dem Ausmessen und Zeichnen der gewünschten Terrasse auf Papier ist eine Berechnung möglich. Damit kann dann die Bestellung erfolgen.

Mit Hilfe von Katalogen, die bei den Baustofffirmen zu bekommen sind, lassen sich Normmaße herausfinden, die für die Berechnung nötig sind. Es lohnt sich, mit Hilfe der Materialliste Kostenvoranschläge bei verschiedenen Baustoffhändlern einzuholen – jedenfalls bei größeren Mengen.

Profitipp
Ortsansässige Firmen liefern meist auch an Samstagen und stellen bei Bedarf auch die benötigte Rüttelplatte oft kostenlos oder für eine geringe Miete zur Verfügung.

Ob Kiefernholz oder Granit – der Materialbedarf muss genau berechnet werden

Holzbearbeitung und -befestigung

Der Baustoff Holz kommt beim Terrassen- und Sitzplatzbau in Form von **Bodenbelägen, Treppen, Pergolen, Spalieren, Möbeln, Pflanzkästen** und anderen Gestaltungselementen zum Einsatz.

Es gibt viele verschiedene Holzarten. Holz lässt sich recht einfach bearbeiten und bleibt dennoch viele Jahre haltbar, wenn es trocken und luftig steht. Der Zuschnitt kann bereits beim Händler oder im Sägewerk erfolgen. Zuhause lassen sich die Balken, Bohlen oder Latten dann mit einfachen Werkzeugen exakt zurichten.

Wichtig ist eine gute Arbeitsauflage. Dazu können Holzböcke dienen. Der Zuschnitt erfolgt – je nach Holzart und Bauweise – per Bügel-, Stich- oder Kreissäge. Die Verbindung ist mit Schrauben, Nägeln oder Holzdübeln möglich.

Im Garten kommen nur wetterfeste **Verbindungselemente** zum Einsatz. Bewährt haben sich verzinkte Metallwinkelverbinder (vgl. »Befestigungsmittel«, Seite 25), die es in vielen Größen und Formen gibt und die schwierige Zapfverbindungen ersparen.

Natürlich und schön: Holz als Baumaterial

Holzelemente im Garten sollten so verbaut werden, dass sie möglichst wenig Angriffsfläche für Nässe oder Humusstoffe bieten; sie sollten also Regenwasser abweisen und keinen Bodenkontakt haben.

Dazu werden sie oben angeschrägt oder mit Schutzhauben bedeckt und im Boden mit Bitumen isoliert oder auf Pfostenanker gesetzt (vgl. »Konstruktiver Holzschutz«, Seite 42). Holzpflaster sollten ein geringes Gefälle haben.

Holzschutz-Techniken

Imprägnierungsanlage

Bitumenanstrich

Imprägnierung

Holz lässt sich dauerhaft am besten durch eine Kesseldruckimprägnierung haltbar machen. Kesseldruckimprägniertes Holz wird vor allem im Garten häufig eingesetzt, zumal der Farbstoff mit Druck fest in die Holzzellen gepresst wird und tief eindringt. Die Farbe kann dadurch kaum vom Regen ausgewaschen werden.
Diese Imprägnierungsanlagen kann man auch für eigene Holzprodukte in Anspruch nehmen. Entsprechende Firmen sind im Telefonbranchenbuch zu finden. Diese Technik ist übrigens wesentlich wirksamer als das Tauchen von Holz, das zur Imprägnierung von Dachstühlen angewandt wird. Beim Tauchen und Streichen dringt das Imprägnierungsmittel nur oberflächlich ein und wird leicht ausgewaschen. Am stärksten verwittert Holz an der Übergangsstelle von der Erde zur Luft.

Eine Möglichkeit, das Holz an dieser Stelle zu schützen, ist ein **Anstrich** mit **Bitumen**. Dieses sehr beständige Mittel **versiegelt** das Holz und bildet eine wirksame Trennschicht zum Boden. Wenn Sie Holzpfosten setzen, muss das Versiegeln schon vorher geschehen. Dann lässt sich das Holz auch in den Bitumen tauchen.

Eine alte Technik, um Holzpfosten haltbar zu machen, ist außerdem das **Ankohlen** in offenem Feuer. Auch dabei bildet sich ein Überzug, der den Holzkern versiegelt.

Konstruktiver Holzschutz

Grundsätzlich sollten Holzbauteile am Haus oder auch im Garten luftig liegen, stehen oder befestigt sein. Denn auch Feuchtigkeit durch Kondens- oder Regenwasser, das in Ritzen eindringt, hat Fäulnis zur Folge. So sollte beispielsweise bei Wandverkleidungen stets eine gute **Hinterlüftung** möglich sein. Dazu werden die Holzelemente mit Hilfe von **Abstandshaltern** montiert.

Kritisch sind nicht nur die Wettereinflüsse durch Regen oder Schnee, sondern auch die Bodenberührungsstellen. Statt die Hölzer zu imprägnieren, stellt man sie besser auf **Betonfundamente** (vgl. Seite 38) oder auf **Pfostenanker** aus **verzinktem Metall**, damit sie luftig stehen und nicht direkt mit dem Boden in Berührung kommen.

Ansonsten können Sie natürlich auch die Holzpfosten durch verrottungsfestes Material (z.B. Betonelemente oder Granitsäulen etc.) ersetzen.

Anschrägen

Der Wasserablauf muss jederzeit möglich sein. Das gilt insbesondere für Holzböden oder bei Holzpfosten für Pergolen.

Pfosten bekommen oben einen schrägen Anschnitt oder sie werden angespitzt. Nützlich können auch kurze Brettabschnitte sein, die nach dem Anschrägen auf den Pfosten befestigt werden.

Waagrechte Bauelemente, wie Pergolabalken oder auch Sitzmöbel, sollten ein geringes Gefälle haben. Bei großen Flächen aus Holz ist darauf zu achten, dass Fugen eingehalten werden, durch welche das Wasser abziehen kann.

Bei Gartentischen oder Holzböden aus Lattenrosten liegen die Hölzer immer mit geringen Abständen nebeneinander auf der Unterkonstruktion auf. Das gilt auch für Holzterrassen, die zudem einen

Pfostenanker

Anschrägen

Pfostenanker setzen

Anspitzen

ausreichenden Abstand zum Boden brauchen. Eine gute Luftzirkulation bewahrt auch hier vor Feuchtigkeit und Fäulnis.

Bitumendach

Zum Schutz vor Regen haben sich Bitumenbahnen auf kleinen Gartenhäusern bewährt. Solche Dächer aus Dachpappe lassen sich durchaus mit Kletterpflanzen begrünen und attraktiver gestalten. Natürlich muss eine ausreichende Dachneigung den Wasserablauf unter dem Geäst und Blattwerk hindurch gewährleisten.

Richtig pflastern

Unterbau vorbereiten

Damit Pflaster- und Plattenbeläge gleichermaßen belastbar und ausdauernd sind wie Beton- oder Teerdecken, müssen sie systematisch gebaut werden. Die Basis ist ein tragfähiger Unterbau. Dieser erfordert – sobald der Verlauf und die Lage festgelegt sind – zunächst das Auskoffern des lockeren Mutterbodens bis zu einer »gewachsenen« Schicht aus Lehm, Kalkstein oder Sand, je nach örtlicher Bodenbeschaffenheit. Bei aufgefülltem Gelände muss der Unterboden nach dem Abtragen der Humusschicht verdichtet werden.

Auf den tragfähigen Untergrund kommt eine etwa 10 bis 20 cm dicke Schotterschicht. Sie gibt dem weiteren Aufbau festen Halt (wie beim Straßenbau) und ist dennoch durchlässig. Mit einer Rüttelplatte werden die Schottersteine gut verkeilt. Die Materialmenge muss natürlich vorher berechnet werden. Für die Ladung sollte möglichst nah an der Baustelle ein Lagerplatz vorbereitet sein.

Einfassung bauen

Gewöhnlich ist die Pflaster- oder Plattenfläche durch angrenzende Gebäude oder ein Zaunfundament ohnehin eingeschränkt und festgelegt. Wenn dies nicht der Fall ist, bieten sich Randsteine (z.B. Straßenkantensteine) zur Abgrenzung der Terrasse an, die dem Belag seitlichen Halt geben. Die Einfassung wird immer vor dem Schottern gebaut. Dazu gräbt man schmale Streifenfundamente aus und setzt die Kantensteine in Magerbeton. Gartenwege und -plätze brauchen aber in der Regel keine stabile Einfassung. Vielmehr können die Steine nahtlos verlegt werden, sodass sie bündig und ohne Rahmen im Boden oder im Rasen liegen.

1–2 Granit- oder Betonsteine, Pflasterklinker und alle anderen Beläge liegen am besten in einem Sand- oder Splittbett.

Auf den Unterbau aus Schotter kommt eine etwa 5 bis 10 cm dicke Schicht dieses feinkörnigen Baustoffs. Sie wird mit dem Rechen grob planiert und dann mit einer Richtlatte abgezogen.

Um diese Arbeit zu erleichtern, empfiehlt es sich, das Niveau und den Verlauf mit Richtschnüren zu markieren.

Bei Wegen und Plätzen am Haus ist auf ein geringes Gefälle vom Haus weg zu achten, das heißt, der Belag muss leicht vom Haus weggeneigt sein, damit das Regenwasser abläuft und keine Bauschäden verursacht. Bei einer Hanglage und einem natürlichen Gefälle eines Platzes zum Haus ist eine Dränage nötig. Dazu verlegt man in den Unterbau Entwässerungsrohre und baut in den Belag Wasserablauföffnungen (Gullys) ein. Der Belag muss mit geringem Gefälle zum Gully verlegt werden.

3–4 Auf dem fertigen Unterbau kann man nun mit dem Pflastern oder Plattenlegen beginnen. Am einfachsten sind geradlinige Verbände mit gleichen symmetrischen Steinen zu legen. Dazu können Sie Pflasterklinker, Gehsteigplatten aus Beton oder Betonformsteine verwenden.

Mehr Geduld und Können erfordern handbehauene Natursteine, unregelmäßige Natursteinplatten oder Verbände aus verschiedenen Materialien, zumal diese unterschiedlich dick sind und dennoch eine ebene Oberfläche entstehen muss. Jeder Plattenbelag erfordert Sorgfalt, damit feste Verbände entstehen. Dabei ist es wichtig, dass die Steine fest sitzen und bündig sind. Beim »Darüberschlurfen« mit einer glatten Schuhsohle lässt sich dies leicht feststellen. Durch das Unterfüllen mit Sand oder das Ausgleichen der Sandschicht mit der Richtlatte lassen sich Unebenheiten sehr gut korrigieren. Auch beim Rütteln nach der Fertigstellung werden geringe Unebenheiten noch ausgeglichen und der Belag noch gefestigt.

Seine ideale Festigkeit bekommt der Steinverband erst nach dem Ausfugen mit trockenem Quarzsand, der besonders fein ist und in alle Ritzen rieselt. Bei großen Fugen, z.B. bei Granitpflaster, wird der Sand noch mit Wasser eingeschlämmt.

5–6 Pflasterklinker, Betonsteine und dergleichen lassen sich gut mit dem Winkelschleifer bearbeiten, um sie beispielsweise an Übergangsstellen zu bestehenden Belägen zurechtzuschneiden. Natursteine wie etwa Pflastersteine aus Granit sind von Hand zu bearbeiten und werden mit dem Hammer passend zugerichtet oder durch kleinere passende Steine ersetzt.

4

5

6

Treppen im Garten anlegen

Stufenmaß

Das Maß aller Dinge beim Treppenbau ist die **Treppenformel**. Sie hat allgemein beim Treppenbau Gültigkeit und richtet sich nach dem Schrittmaß eines Erwachsenen von etwa 67 cm: **2 x Stufenhöhe + Stufentiefe = 67 cm**.

Bei einer gewünschten Stufenhöhe von 15 cm kommt also eine Stufentiefe, das heißt eine Trittlänge von 37 cm zustande (2 x 15 + 37 = 67).

Das Stufenmaß steht natürlich in Bezug zur Gesamthöhe der Treppe. Vor allem muss jede Stufe die selbe Höhe haben. Bei einem Höhenunterschied von 1 m ließen sich praktisch 10 Stufen mit 10 cm Höhe bauen. Dadurch käme also eine Stufentiefe von 47 cm zustande (2 x 10 + 47 = 67). Diese Treppe würde – bei dem üblichen Schrittmaß von 67 cm – also eine Gesamttiefe von 4,70 m benötigen (10 x 47 cm). Das ist natürlich für einen kleinen Garten ziemlich viel.

Wenn weniger Platz zur Verfügung steht, ist ein anderes Stufenmaß nötig. Das Stufenmaß ergibt sich dann anhand der verfügbaren Gesamttiefe. Beispielsweise lässt sich bei einer Treppentiefe von 4 m und einer Höhe von 1 m eine Stufentiefe von 40 cm errechnen (bei 10 cm Stufenhöhe). Je kürzer und höher eine Treppe wird, umso höher werden die einzelnen Stufen und desto steiler und mühsamer ist auch der Anstieg.

1–3 Anders als beim Hausbau gibt es bei Gartentreppen eine gewisse Toleranz. Man kann die Höhe und die Länge der Treppe ein wenig »strecken« und dem vorhandenen Gelände anpassen.

So lässt sich beispielsweise ein Hang flacher gestalten, wenn er für eine Treppe zu steil wäre. Der Fuß- oder Hochpunkt wird einfach verlagert, das heißt die unterste Stufe rückt vom Hang weg nach außen oder die oberste Stufe nach innen, in dem der Hang angeböscht oder abgegraben und flacher gemacht wird. Dies ist natürlich nur dort möglich, wo keine festen Ebenen vorhanden sind.

Beim Überbrücken beispielsweise eines Wegs zu einer höherliegenden Terrasse sind die Anschlussstellen allerdings festgelegt. In der Regel sollen Gartenwege und auch Treppen die kürzesten Verbindungen zwischen zwei Punkten bzw. Plätzen sein. Bei einem sehr steilen Hang sollte die Treppe schräg in den Hang gebaut werden, um die Sleigung zu verringern.

Die Stufenanzahl und -höhe errechnen sich aus der Gesamthöhe, und zwar mit Hilfe eines Pflocks, der am Fußpunkt in den Boden gesteckt wird und einer Richtlatte oder Richtschnur, die man dann genau waagrecht zur obersten Stelle am Hang führt.

4–6 Wenn etwa Holzschwellen oder Granitquader als Stufen dienen sollen, ist die Stufenhöhe ohnehin vorgegeben. Allerdings muss die Stufentiefe dann dem Hang bzw. der Gesamttiefe angepasst werden. Hierfür beginnt man bei der untersten Stufe und baut die Treppe dann nach oben auf, indem eine Stufe nach der anderen gelegt wird; die obere Stufe liegt jeweils ein Stück auf der unteren auf. Die Anzahl an Einzelstufen errechnet sich wie aus der Gesamttiefe und -höhe. **Blockstufen** für so eine Treppe lassen sich auch selbst aus Beton gießen.

Für **Legstufen** bieten sich u.a. Pflasterklinker, Natursteinplatten oder andere flache Materialien an. Sie werden gleichermaßen wie Blockstufen berechnet und von unten aufgebaut. Zunächst entsteht jeweils die Front der Stufe, die so genannte **Stellstufe**. Diese wird dann beispielsweise mit Erde hinterfüllt. Darauf kommt der Belag aus demselben oder einem anderen Material.

Eine Treppe aus **Stellstufen** lässt sich auch ohne festen Belag bauen. Sie werden nacheinander in den Hang gegraben und jeweils an der Front etwa mit einem Holzbrett oder einer Betonplatte gestützt. Die Stellbretter oder -platten bekommen ihrerseits Halt durch zwei Pflöcke. Als Belag eignet sich z.B. eine Rindenschüttung oder auch Kalksplitt.

Profitipp

Für Gartentreppen ist gewöhnlich kein tiefes Betonfundament nötig, wenn sie auf »gewachsenem« Boden gebaut werden. Treppen am Haus oder auf lockerem, aufgeschüttetem Boden brauchen jedoch ein etwa 80 cm tiefes Fundament, damit sie frostsicher liegen.

4

5

6

Eine schattige Laube für sonnige Tage

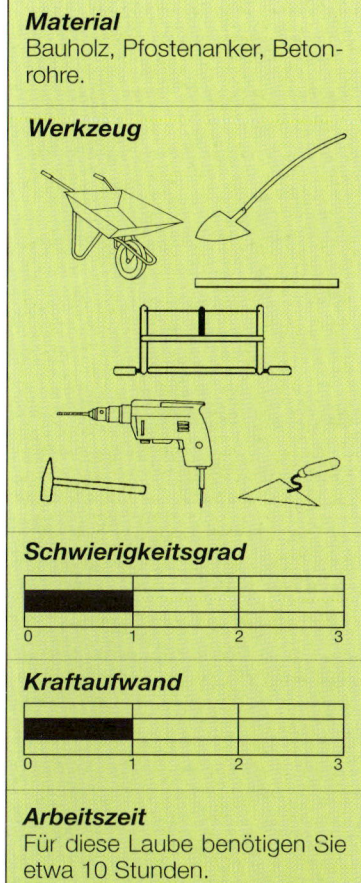

Material
Bauholz, Pfostenanker, Betonrohre.

Werkzeug

Schwierigkeitsgrad

| 0 | 1 | 2 | 3 |

Kraftaufwand

| 0 | 1 | 2 | 3 |

Arbeitszeit
Für diese Laube benötigen Sie etwa 10 Stunden.

Ersparnis
Sie sparen durch Eigenleistung ungefähr 250 €.

Eine Laube oder Pergola ist ein Gebäude, das sich selbst verkleidet. Ein einfaches Gerüst vorzugsweise aus Holz genügt. Ausgewählte Kletterpflanzen machen in wenigen Jahren daraus eine schattige Laube. Sie bietet sich zusätzlich zur Terrasse als Zweitsitzplatz im Garten an, zumal das kühlende Blattwerk im Sommer ein sehr angenehmes Klima erzeugt und Blütenpflanzen, wie etwa das Geißblatt oder die Glyzine, ihren Duft verbreiten. Wenn Weinreben ranken dürfen, ist die Pergola zudem für die Obstversorgung nützlich. Aber auch den Tieren kommt der Bau aus Holz und Pflanzen zugute. Insbesondere finden Vögel geeignete Nistplätze im Blätterdach.

Der Pergolabau ist in der Regel genehmigungsfrei. Allerdings sind die erforderlichen Grenzabstände einzuhalten und sie darf nur als Gartengestaltungs-Element genutzt und nicht zum Carport umfunktioniert werden. Sonst ist ein genehmigter Bauplan nötig. Damit das Gerüst tragfähig und ausdauernd ist, muss es richtig gebaut sein. Immerhin entstehen durch die Kletterpflanzen einige Zentner Gewicht. Das Material muss wetterfest sein, denn nach der Begrünung ist eine Imprägnierung kaum noch möglich oder nur zum Nachteil der Kletterpflanzen. Holz wird besonders an den Übergangsstellen von der Erde zur Luft morsch, das heißt, wenn es Bodenkontakt hat. Die Mikroorganismen sind dort am aktivsten. Die Verrottung wird durch das ständig feuchte Klima noch beschleunigt. Bei einem großen Gebäude lohnt es sich, die Pfosten auf Fundamente zu stellen. Schmale Punktfundamente aus Beton genügen. Für Holzbauten gibt es so genannte Pfostenanker. Auf diesen verzinkten Metallträgern stehen die Pfosten sicher und luftig. Sie werden einbetoniert oder in den Boden geschlagen (je nach Typ). Eichenbalken, Lärchenholz oder das Holz der Robinie sind zum Bauen besonders geeignet, weil sie wetterfest und ohne Imprägnierung haltbar sind. Fichten- oder Kiefernholz lässt sich am besten durch eine Kesseldruck-Imprägnierung oder mit einem schadstoffarmen Holzschutzmittel haltbar machen.

Der Aufbau, das heißt die Konstruktionsart, ist von der Begrünung abhängig. Je nach gewünschter Bepflanzung genügen

1

2

Balken (z.B. für Glyzinen), oder es sind zusätzliche Kletterhilfen nötig (z.B. für Waldreben Rankschnüre oder Gitter). Grundsätzlich reicht aber ein einfaches Gerüst aus. Dieses lässt sich dann für die Kletterpflanzen mit Spanndrähten oder anderen Hilfen ausbauen.

Planen und Bauen

Ein Standort für eine Pergola ist in jedem Garten zu finden. Die Pergola kann zum Beispiel im Vorgarten errichtet werden, wo sie als Verbindung von der Gartentür zum Hauseingang dient. Sie führt die Bewohner und die Besucher unter einem Pflanzendach hindurch.

1 Auch ein Laubengang, der einen Gartenweg überdacht, ist ein attraktives Gestaltungselement in jedem Garten. Genauso gut passt eine Pergola zur Terrasse. Hier lädt ihr schattiges Laub an sonnigen Tagen zum Verweilen ein.

2 Eine Pergola kann aber auch frei, abseits vom Haus, im Garten stehen, wo sie einen Zweitsitzplatz locker abschirmt. Die Größe richtet sich nach dem verfügbaren Platz und nach den eigenen Vorstellungen. Grundsätzlich sind keine Grenzen gesetzt – natürlich nur im Rahmen des eigenen Gartens. Die Pergola kann beispielsweise statt eines Zauns auch als Einfriedung entlang einer Gartengrenze dienen, wenn dies die ortsüblichen Baubestimmungen erlauben. Sie kann aber genauso nur eine kleine Konstruktion sein, die als Rosenbogen eine Gartenbank überspannt. Die Länge, Höhe und Breite lassen sich beliebig gestalten.

Fundamente

Eine Pergola ist durchaus ein Gebäude, obwohl sie in der Regel keiner Baugenehmigung bedarf. Sie muss stabil gebaut sein, vor allem, wenn sie schwergewichtige Kletterpflanzen tragen soll. Die Balken dürfen nur bestimmte Zwischenräume überspannen. Der Abstand zwischen den tragenden Pfosten darf nicht zu groß sein. Eine kleine Pergola kann ohne Fundament etwa auf ein tragfähiges Pflaster gestellt werden. Eine weiträumige Pergola hingegen braucht eine feste Verankerung im Boden. Die Pfosten stehen sicher auf Punktfundamenten, die aus Beton gegossen werden. Betonfertigteile erleichtern den Bau der Fundamente.

3 Sobald der Standort für die Pergola gefunden und der Grundriss festgelegt ist, werden die Löcher für die Fundamente ausgegraben. Sie müssen frostsicher, also etwa 70 cm tief sein. In die fertigen Löcher setzt man nun die Betonrohre ein. Sie dienen als Schalung und ersparen eine Menge Beton. Dennoch sind sie genauso tragfähig wie mächtige Betonfundamente, die direkt in die Erdlöcher gegossen werden.

4 Vor dem Einfüllen des Betons, werden sie ausgerichtet, das heißt mit Hilfe einer Richtlatte setzt man sie auf die gleiche Höhe.

5 Nach dem Betonieren kommen die Pfostenanker (Metallträger) in den noch frischen Beton. Nach etwa 48 Stunden Trocknungszeit sind die fertigen Punktfundamente schon belastbar. Solche Punktfundamente eignen sich übrigens auch für Metallkonstruktionen. Steinsäulen dagegen lassen sich ohne Fundamente direkt in den Boden einsenken.

Holzkonstruktion

6 Rustikal, natürlich und zu jedem Garten passend wirkt eine Holzkonstruktion. Sie kann aus quadratischen Balken oder aus Rundhölzern gebaut sein. Recht urig sieht eine Pergola aus, wenn sie aus völlig unbehandelten Baumstämmen besteht, die vom Forst günstig zu bekommen sind. Jedes Forstamt weist im Winter Waldparzellen zur Durchforstung aus. Bei dieser nötigen Pflege werden erhaltenswerte Bäume freigeschnitten, wobei dürre, aber auch schwache Stämme anfallen. Nach dem Schneiden wird das Holz gestapelt und vom Förster geschätzt.

3

4

5

6

7

8

Profitipp
Für einen geringen Betrag kann das geschnittene Holz abtransportiert und beispielsweise auch für den Pergolabau genutzt werden. Näheres teilt das nächste Forstamt mit.

7–8 Die unbehandelten Baumstämme werden den Maßen der Pergola entsprechend abgelängt – am besten geht das mit einer Motorsäge – und geschält.

9 Beim Aufbau werden zunächst die zugeschnittenen Pfosten auf die Pfostenanker gesetzt und festgeschraubt. Darauf kommen die Sparren.

10 Danach verstärkt man die Konstruktion noch mit Eckstreben. Sie leiten den Druck durch die Kletterpflanzen von den Sparren auf die Pfosten ab und steifen den Aufbau aus. Die ziemlich wuchtige Holzpergola verliert ihre Masse nach der Begrünung mit Kletterpflanzen – ebenso wie ein massives Stein-Holz-Gebilde. Dennoch passt manchmal eine »leichtere« Holzkonstruktion etwa aus Fertigteilen besser.

Bepflanzung

Eine Pergola »lebt« von den Kletterpflanzen. Bei der Auswahl ist die Art der Fortbewegung zu beachten. Es gibt Ranker, Selbstklimmer, Spreizklimmer und Schlinger. Ranker, wie etwa die Waldrebe, der Wilde Wein (Parthenocissus quinquefolia) oder die Weinrebe (Vitis vinifera) hangeln sich mit speziellen Ranken am Klettergerüst hoch. Sie können nur dünne Gegenstände, wie etwa Zaundrähte, umfassen. An den Pfosten der Pergola finden sie keinen Halt.

11 Wer dennoch solche Typen pflanzen möchte, muss die Pergola mit entsprechenden Kletterhilfen wie etwa Drähten, Schnüren oder Baustahlstücken ausbauen und den Pflanzen mit solchen Elementen oder durch das Aufbinden an den Pfosten zunächst nach oben helfen.

12 Wenn sie das Dach der Pergola erreicht haben, verzweigen sie sich selbst. Das gilt auch für Spreizklimmer, insbesondere für Kletterrosen und den Winterjasmin. Selbstklimmer saugen sich mit Haftwurzeln an den Pfosten fest und brauchen keine Hilfe nach

9

11

10

12

13

14

oben, so etwa der Efeu, die Trompetenblume (Campsis radicans), der Spindelstrauch (Euonymus fortunei var. radicans) und die Kletterhortensie (Hydrangea petiolaris).

13 Besonders gut eignen sich Schlinger, etwa der Baumwürger (Celastrus).

14 Auch der Blauregen (Glyzine; Wisteria sinensis, s. Abb.) und die Kiwi (Actinidia chinensis) oder der wilde Strahlengriffel (A. arguta) sind gut geeignet. Sie umwinden die Pfosten und schlängeln sich aufs Dach. Die Triebe verholzen mit den Jahren und stabilisieren die Pergola. Außer diesen gehölzartigen Kletterpflanzen, die zunehmend üppiger werden, gibt es den Staudenhopfen (Humulus lupulus), dessen Triebe im Herbst absterben und der sich dann im Frühjahr aus dem Wurzelstock wieder erneuert und eine Reihe von einjährigen Arten von der Bohne bis zur Prunkwinde. Diese eignen sich als schöne schnelle Schlinger für das erste Jahr, solange die ausdauernden noch jung und schwach sind. Besonders üppig wächst die Pergola zu, wenn verschiedene Arten kombiniert werden, insbesondere sommergrüne und immergrüne!

Pflege

Eine besondere Pflege brauchen weder die Pflanzen noch das Gerüst, wenn dieses aus wetterfestem Material gebaut ist. Zur Ertragssteigerung sollten allenfalls Weinreben, Kiwis und Brombeeren geschnitten werden. Die anderen Pflanzenarten, wie beispielsweise der Knöterich, der Wilde Wein, die Pfeifenwinde (Aristolochia), die Glyzine u.a., werden erst richtig schön, wenn sie ungehindert, also ohne Schnitt, wachsen dürfen. Die Größe der Pergola setzt ihnen ohnehin Grenzen. Selbst Kletterrosen brauchen nur gelegentlich ausgeputzt zu werden, wobei dürres und erfrorenes Holz zu beseitigen ist.

Zur Vitalisierung wird schon beim Pflanzen ein Langzeitdünger gegeben. Am besten ist Kompost, der auch später, jeweils im Frühjahr, das Wachstum fördert. Schädlinge sind selten und verschwinden dank der vielen Nützlinge, die sich im dichten Blattwerk schnell ansiedeln, ohne spezielle Abwehrmittel wieder.

Ausstattung

15 Um das Lied der Amsel, die ihr Nest unter das Pflanzendach baut, und die angenehme Atmosphäre

15

der luftigen Laube genießen zu können, gehört eine Sitzgruppe in die Pergola und zwar eine aus wetterfestem und robustem Material, die das ganze Jahr stehen bleiben kann, zumal der Freisitz nicht nur im Sommer, sondern auch an milden Frühjahrs- und sonnigen Herbsttagen gerne eingenommen wird.

16 Der Boden sollte befestigt und mit Pflasterklinker oder Platten belegt sein, damit die Möbel richtig stehen und die Nutzung bei jedem Wetter, also auch nach Regen gut möglich ist.

16

Pergola aus Fertigbauteilen

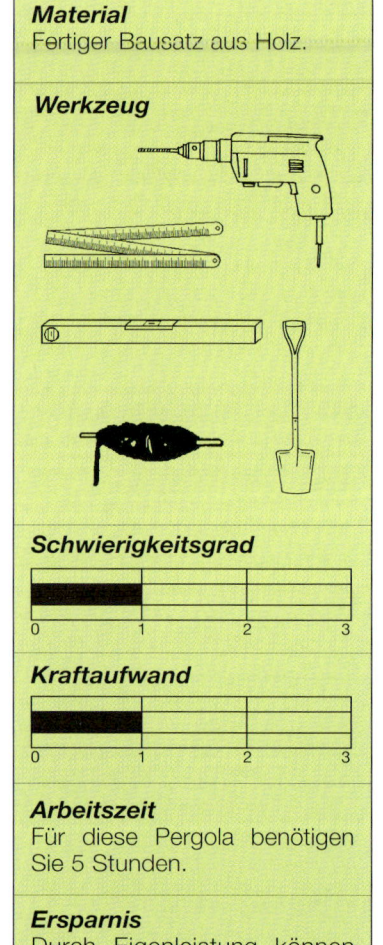

Material
Fertiger Bausatz aus Holz.

Werkzeug

Schwierigkeitsgrad

0	1	2	3

Kraftaufwand

0	1	2	3

Arbeitszeit
Für diese Pergola benötigen Sie 5 Stunden.

Ersparnis
Durch Eigenleistung können Sie etwa 125 € einsparen.

Schneller als der Bau einer Laube aus unbehandeltem Naturholz geht der Bau einer Pergola aus Fertigteilen. Diese lässt sich mit einfachen Mitteln zusammenbauen und zu einer beliebigen Konstruktion erweitern. Es gibt verschiedene Typen, in unterschiedlichen Qualitäten und Preisklassen. Es lohnt sich, die Bausätze verschiedener Hersteller zu vergleichen. Dabei sind die Bauanleitungen zu beachten. Denn ohne ausführliche Beschreibung wird selbst der Aufbau dieser einfachen Konstruktionen zur Tüftelei. Verbindungsfehler werden oft erst nach dem Aufbau sichtbar und sind dann kaum noch zu ändern. Hilfreich ist es, wenn der Händler ein Konstruktionsmuster mit allen Möglichkeiten »live« (im Ausstellungsgelände) zu bieten hat. Noch besser ist die Mithilfe eines geübten Handwerkers. Ideal ist es natürlich, wenn ein Bekannter oder ein Nachbar mit Rat und Tat zur Seite steht, der dieselbe Pergola schon gebaut hat. Er kennt die Tücken und Eigenarten, aber auch die Vorteile und Möglichkeiten.

1 Anhand einer Materialliste, die der Größe und den Vorstellungen entsprechend angefertigt wurde,

1

2

3

stellt man einen passenden Bausatz zusammen; die teuren Rundbögen wurden hier noch durch gerade Balken ersetzt, zumal diese besser zum Haus passen.

2 Die Holzbauteile, wie etwa diese Doppelreiter sind vorgefertigt und kesseldruckimprägniert; das erleichtert natürlich den Aufbau wesentlich.

3 Das wichtigste Werkzeug ist ein Bohrschrauber (z.B. ein Akkugerät) mit Zubehör, zudem sind ein Metermaß nötig und eine – möglichst ausführliche – Aufbau-Anleitung.

4–5 Vor dem Aufbau muss der Boden geebnet werden; Unebenheiten etwa im Pflasterbelag sind auszugleichen. Eine kleine Pergola, wie im vorliegenden Beispiel, kann ohne Fundament auf das vorhandene, tragfähige Pflaster gestellt werden. Eine feste Verankerung im Boden ist bei einer solchen leichten Konstruktion nicht nötig.

6–8 Nun wird die Pergola, in diesem Fall ein Raumteiler, der die Grenze hin zum Nachbargrundstück markiert und als Sichtschutz dient, der Reihe nach aufgebaut; dazu schraubt man die einzelnen Module an den Pfosten fest.

9 Von Anfang an muss korrekt gebaut werden; die einzelnen Ele-

mente richtet man mit der Wasserwaage aus.

10 Ebenso wird das nächste Element gebaut, wobei jedes hinzu-
gefügte Element mit der Wasserwaage auf die exakte Ausrichtung
hin überprüft werden muss. Denn
kleine Abweichungen summieren
sich am Ende zu schwerwiegen-
den Fehlern. Zu zweit sind alle Arbeiten recht einfach zu bewerkstelligen: Einer übernimmt das
Halten, der Andere das Festschrauben.

11 Der Abstand der Elemente richtet sich nach dem weiteren Ausbau; hier soll eine Türe eingepasst
werden. Um den Aufbau zu erleichtern, verwendet man Ab-
standshölzer, die mit Schraubzwingen befestigt werden.

12 Jetzt lassen sich die Sattelbal-
ken exakt auflegen und montieren.
Vor dem Zusammenschrauben
muss gebohrt werden; arbeiten
Sie unbedingt nach Plan und achten Sie darauf, dass die Einzelteile
richtig zusammengesetzt werden;
die Verbindungen sind je nach
Bausatz anders! Der Abstand der
Reiter wird so gewählt, dass die
Kletterpflanzen leicht Halt finden.

10

11

12

13

14

15

13 Beim Aufbau ist ständig auf eine richtige Anordnung der Einzelteile zu achten. Vor der endgültigen Befestigung eines Elements sollten Sie lieber noch mal einen Blick in die Aufbau-Anleitung werfen, um sicher zu gehen, dass es an der richtigen Stelle sitzt. Die Pfosten müssen senkrecht stehen.

14 Die Doppelreiter werden aufgesattelt; sie geben die Breite der Pergola vor und versteifen sie zusätzlich.

15 Die Rückwand wird angepasst und dann festgeschraubt; sie schirmt ab und stabilisiert die ganze Konstruktion.

16 Die Türe passt in die Laibung; sie wird mit Scharnieren befestigt.

17 Eine passende Sitzbank wurde auf Bestellung nachgeliefert und eingebaut.

18 Wenn Sie Ihre Pergola nun etwa mit einer Weinrebe beranken lassen, haben Sie nicht nur einen schattigen Sitzplatz im Grünen, sondern auch einen attraktiven Sichtschutz vor unerwünschten Blicken und einen Obstlieferanten obendrein.

16

17

18

Holzterrasse bauen

Material
Bohlen, Balken, Betonrohre, Beton, Verbindungselemente.

Werkzeug

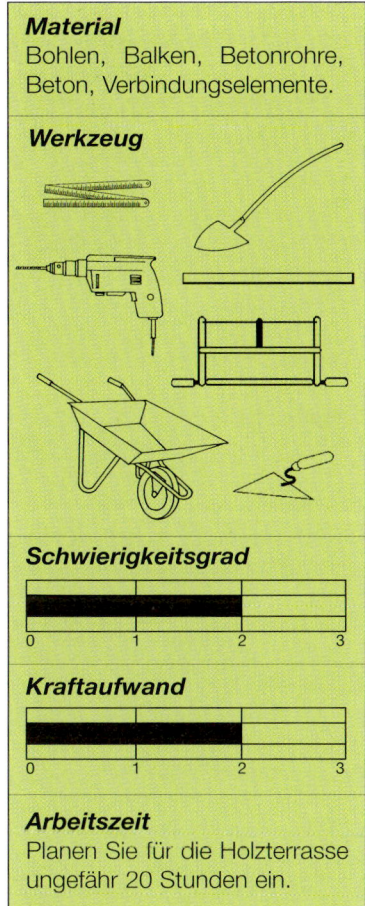

Schwierigkeitsgrad

0	1	2	3

Kraftaufwand

0	1	2	3

Arbeitszeit
Planen Sie für die Holzterrasse ungefähr 20 Stunden ein.

Ersparnis
Durch den Selbstbau können Sie etwa 500 € einsparen.

Eine Terrasse ist ein willkommener Platz an der Sonne. Sie dient im Sommer als Wohnraum im Grünen und sollte ein fester Bestandteil des Hauses sein. Auch nachträglich lässt sich eine Terrasse noch anbauen, wenn sie beispielsweise bei der Übernahme eines bestehenden Gebäudes fehlt.

Eine Terrasse ist eine Brücke zum Garten. Sie verbindet die Wohnung mit dem Freiland und ermöglicht den Aufenthalt im Grünen in direkter Nähe zum Haus. Man hat alles in Reichweite und ist doch an der frischen Luft; der ideale Freisitz also zum Grillen, Sonnenbaden oder für kleine Feste. In der Regel wird bereits bei der Planung des Hauses eine Terrasse vorgesehen. Der günstigste Ort ist an der Südseite zwischen Wohnzimmer und Garten. Der Boden ist bündig mit dem Erdgeschoss, sodass die Terrasse einfach und ohne Stufen ans Haus anschließt. Der Belag kann aus Stein oder auch aus Holz bestehen. Jedenfalls ist ein wetterfestes, trittsicheres Material nötig, das auf einem frostsicheren Fundament ruht. Ein Holzplateau liegt am besten auf Punktfundamenten auf. Dazu eignen sich sehr gut Betonrohre, die entsprechend tief in den Boden eingesenkt und in der gewünschten Höhe ausgerichtet werden. Darauf liegen die Balken für die Tragkonstruktion sicher auf. Am Haus kann man die Konstruktion auf Winkelverbinder auflegen, die an die Wand gedübelt werden. Gebaut wird mit kesseldruckimprägniertem Holz. Es ist ausreichend wetterfest, zumal es luftig aufliegt und keine Bodenberührung hat. Die Balken dürfen nur bestimmte Abstände überspannen. Je größer die Abstände sind, umso dicker müssen die Balken sein. Die Holzkonstruktion lässt sich sicher mit Winkelverbindern zusammenbauen. Die Trittbretter werden genagelt oder geschraubt.

Der Zugang zum Garten wird durch den Bau von Holzstufen möglich, da das Plateau höher liegt als der Gartenboden. Zum Sitzen eignen sich wetterfeste Holzmöbel. Als Sonnenschutz dient ein Schirm und falls nötig als Sichtschutz ein Lamellenzaun.

Wird die Terrasse nachträglich an ein bestehendes Gebäude angebaut, ersetzen Sie die vorhandenen Fenster durch Fenstertüren, die den Zugang nach draußen ermöglichen.

1 Die Holzterrasse wird mittels Winkelverbindern an das Haus angebunden. Diese müssen für die Balken entsprechend gewählt werden.

2 Die Winkelverbinder müssen fest an der Wand verankert sein. Das geschieht am besten mit Schlüsselschrauben, die in Dübel gedreht werden.

3 Die gegenüber sitzenden Auflager für die Balken bilden Punktfundamente; die Höhe wird mit der Richtlatte ausnivelliert. Mit einem Handbagger lassen sich schmale, tiefe Löcher graben. Das geht natürlich auch mit einem Spaten oder einer schmalen Schaufel.

4 Damit Sie die Betonrohre für die Punktfundamente richtig anpacken können, wenden Sie folgenden Trick an: Die Betonrohre werden beiderseits durchbohrt; es genügen dünne Bohrungen.

5 Dann lassen sich links und rechts Schraubendreher oder andere stabile Gegenstände durchstecken.

6 Damit kann man nun jedes Rohr richtig anpacken, transportieren und in den Boden einsenken, was zur Probe mehrmals nötig ist.

7 Wenn die Tiefe passt, wird ein wenig Beton eingefüllt. Wenn nicht, muss noch tiefer gegraben werden. Frostsicher ist eine Tiefe von etwa 80 cm.

8 Die Balken des Terrassenbodens liegen später auf einem Querträger auf. Dies ist schon beim Einrichten der Punktfundamente zu berücksichtigen.

9 Wenn die Rohre richtig sitzen, werden sie mit Beton aufgefüllt. Dieser wird verdichtet und oben glatt gestrichen, damit auch die Balken glatt aufliegen. Außen genügt es, Erde einzufüllen und diese zu verdichten. Die Punktfundamente werden ohnehin nur von oben belastet, einem seitlichen Druck oder Zug müssen sie nicht standhalten. Auf diese Art wird jedes Punktfundament exakt eingerichtet. Die schmalen Fundamente tragen sicher und ersparen wuchtige Betonsockel, die im Garten stören.

10 Nach dem Abtragen störender Unebenheiten kommt Rollkies auf die Fläche. Er verhindert keimende

7

8

9

10

11

12

13

Kräuter und lässt Regenwasser gut abziehen.

11 Die eigentliche Konstruktion der Terrasse beginnt mit dem Zuschneiden der Holzbalken. Dazu eignet sich eine Bügelsäge oder eine Motorkettensäge. Die auf die richtige Länge zugeschnittenen Holzbalken werden einerseits in die Winkelverbinder und andererseits auf die Fundamente gelegt. An den Winkelverbindern werden sie festgeschraubt, auf den Fundamenten liegen sie genügend fest auf. Kleine Winkelverbinder genügen zur Montage der Balken. Die Konstruktion wird ohnehin nach dem Eindecken mit den Brettern stabil.

12 Der Boden entsteht aus ebenfalls kesseldruckimprägnierten Brettern. Diese werden auf die Balkenkonstruktion geschraubt.

13 Den Zugang zum Garten macht eine kleine Holztreppe möglich, die nach Maß gebaut wird. Dazu genügen einige Balkenreste und Bretterabschnitte. Beim Bau muss das richtige Stufenmaß beachtet werden. Nach dem Anpassen der kleinen Treppe wird sie auf eine Kiesschüttung gestellt.

Die fertig gestellte Terrasse ist sogleich benutzbar. Holzmöbel passen am besten zum Holzbelag. Später können Kübelpflanzen und andere Dekorationsstücke dazukommen. Eine Sichtschutzwand lässt sich einfach mit Fertigteilen erstellen. Diese werden entweder an einen bestehenden Zaun geschraubt oder an Holzpfosten. Die Holzpfosten für die Sichtschutzwand brauchen eine Imprägnierung, damit sie im Boden haltbar bleiben. Als Sonnenschutz dient ein großer Marktschirm. Dafür kann ein Stutzen in den Boden eingebaut werden, der einen störenden Standsockel ersetzt. Die fertige Holzterrasse ist eine wesentliche Bereicherung des Gartens und ein willkommener Aufenthaltsort im Grünen.

Terrasse durch Anbau eines Freisitzes vergrößern

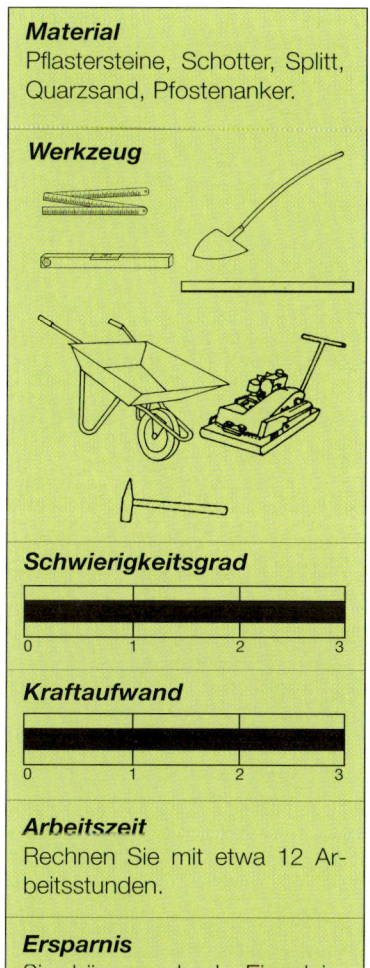

Material
Pflastersteine, Schotter, Splitt, Quarzsand, Pfostenanker.

Werkzeug

Schwierigkeitsgrad

0   1   2   3

Kraftaufwand

0   1   2   3

Arbeitszeit
Rechnen Sie mit etwa 12 Arbeitsstunden.

Ersparnis
Sie können durch Eigenleistung rund 300 € sparen.

Ein Freisitz zusätzlich zur Terrasse bietet reichlich Platz für Kübelpflanzen und natürlich auch für Sitzmöbel. Selbstverständlich muss dieser Freisitz gut befestigt sein, damit er sich jederzeit – und zwar auch an sonnigen Wintertagen – nutzen lässt.

Die Befestigung, das heißt der Belag muss zum Haus und natürlich auch zum Budget passen. Am billigsten sind Betonplatten, die es in vielen Formen, Größen und Farben in Baustoffmärkten gibt. Der einfache Industriebaustoff lässt sich mit Natursteinen dekorativer gestalten. Diese dienen beispielsweise als Einfassungen oder auch zur Unterteilung. Durch geschickte Kombinationen können richtige Muster vom Schachbrett bis zum bunten Mosaik geschaffen werden. Der Unterbau bleibt für alle Beläge gleich. Er muss vor allem tragfähig sein. Am besten hat sich eine Basis aus grobem Schotter bewährt, der mit einer dünnen Schicht Splitt bedeckt ist. Der Schotter wird durch das Rütteln richtig fest. Die Splittschicht macht das Verlegen der Platten möglich, zumal sie sich gut ebnen und abziehen lässt. Auch sie wird richtig fest, sobald die Platten oder Pflas-

tersteine verlegt sind und die ganze Fläche abschließend gerüttelt ist.

Wenn zusätzlich eine Pergola entstehen soll, können schon bei der Pflasterung beziehungsweise beim Unterbau die nötigen Standpunkte für die Eckpfosten hergerichtet werden.

Nach allen Vorbereitungen ist das flächige Legen der Pflastersteine oder Platten kinderleicht. Sie werden nach gewünschtem Muster mit geringen Fugen in das Splittbett gelegt. Mehr Mühe macht das Anbinden der Pflasterfläche an Wände oder vorhandene Beläge. Hier müssen die Steine passend zugerichtet oder zugeschnitten werden. Einfacher gelingt dies mit anderen kleinen Steinen oder auch bei geringen Zwischenräumen mit Splitt. Sobald der Belag fertig ist, muss er noch gefestigt werden. Das geschieht mit einer Motorrüttelplatte, die bei empfindlichen Pflastersteinen (z.B. Klinker) einen Gummiboden bekommt. Dazu dient eine Gummimatte, die sich mit Schrauben montieren lässt. Schließlich ist noch Quarzsand zum Verfugen nötig. Dieser rieselt in alle Ritzen, festigt das gesamte

Pflaster und bildet einen geschlossenen Belag.

1 Die vorhandene Terrasse bietet für Sitzmöbel und Kübelpflanzen zu wenig Platz. Die bestehende Pflasterfläche soll daher erweitert werden.

2 Nachdem die Größe festgelegt und die Form vorgegeben ist, wird mit dem Unterbau begonnen. Dieser sollte etwa 30 cm dick sein (20 cm Schotter, 10 cm Splitt). Er richtet sich nach dem gesamten Bodenaufbau. Als Richtpunkte gelten beispielsweise die Terrassentüre, anschließende Wege und dergleichen. Falls nötig muss vorhandener Humusboden ausgekoffert werden. Zum Vorbereiten des Unterbaus dient eine Richtlatte. Ist der Schotter aufgebracht, macht das Rütteln den Unterbau richtig tragfähig.

3 Auf den Schotter kommt eine Splittschicht. Beim Abziehen der Splittfläche können Metallrohre (Wasserleitungsrohre) hilfreich sein, die parallel nebeneinander ins Splittbett gelegt und mit der Wasserwaage ausgerichtet werden. Nach dem Abziehen der Fläche mit einem Brett oder der

Richtlatte lassen sich die Hilfsrohre leicht wieder entfernen und zur Vorbereitung der nächsten Fläche nochmal verwenden. Die Splittschicht wird hier schon vorverdichtet. Ein Rüttler ist leihweise bei Baufirmen oder Geräte-Miet-Zentralen erhältlich.

4–5 Falls zusätzlich eine Pergola entstehen soll (s. Arbeitsanleitung »Pergola als Sicht- und Sonnenschutz«, Seite 76), ist es vom Arbeitsablauf her günstig, wenn schon beim Pflastern Leerrohre für die Punktfundamente in den Boden kommen. Dann muss der Belag später nicht unnötig aufgerissen werden. Zwei Kunststoff- oder Betonrohre, die an den vorgesehenen Stellen in den Boden kommen, werden mit der Richtlatte auf die passende Höhe gebracht. Später nach der Pflasterung lassen sich diese Hülsen einfach mit Beton ausfüllen. In den noch frischen Beton werden die Pfostenanker für die Pergolabalken gesteckt. Bei einer Metallkonstruktion dienen natürlich keine Pfostenanker, sondern geeignete Metallträger als Basis für den weiteren Aufbau. Die Punktfundamente sollten frostsicher (ca. 70 cm tief) gründen.

4

5

6 Die ganze Fläche wird zunächst mit Randsteinen eingefasst. Das gibt die Form vor und erleichtert das Pflastern wesentlich. Die Einfassung der zu pflasternden Fläche richtet sich natürlich nach der Art des Belags.

Profitipp

Bedenken Sie, dass gleichförmige Industriebaustoffe (z.B. Gehsteigplatten aus Beton oder Klinker) einfacher zu legen sind als unförmige Naturbaustoffe (beispielsweise Porphyr).

7–8 Die Höhe gibt der bestehende Terrassenbelag vor; zum Ausnivellieren ist eine Richtlatte nötig. Die Randsteine werden hier auf Magerbeton gesetzt.

6

7

8

9

9 Stein für Stein kommt die Einfassung zustande; statt der großen Kopfsteinpflaster sind natürlich auch andere Industrie- oder Natursteine einsetzbar.

10 Während die Einfassung fertiggestellt und die Höhe noch nachgeprüft wird, beginnen – falls noch nicht geschehen – die Vorbereitungen der Pflasterfläche mit dem Ebnen des Splitts.

11 Nicht zu vergessen sind die Zugänge zur Terrasse, die hier mit Hilfe von Stufen möglich werden. Bei ebenem Gelände sind selbstverständlich keine Stufen nötig.

12 Hier kommen für den Belag kleine Pflastersteine zum Einsatz; je nach Belag muss die Einfassung anders hergerichtet oder erst anschließend geschaffen werden. Nach und nach kommt die Pflasterfläche zustande; dazu muss jeder Stein richtig eingesetzt und festgeklopft werden.

Profitipp
Das Pflaster oder der Plattenbelag muss frostsicher sein; beispielsweise sind gewöhnliche Vollziegel ungeeignet.

10

11

12

13

14

15

13 Unebenheiten lassen sich mit der Richtlatte sichtbar machen. Zu hohe Steine werden festgeklopft, zu niedrige angehoben.

Profitipp

Zum Rütteln empfindlicher Beläge (z.B. Klinker) ist eine Gummiplatte nötig; zudem müssen alle Splittreste entfernt werden, sonst gibt es Kratzer!

14 Das fertige Pflaster bekommt nach dem Rütteln und Verfugen mit Quarzsand noch eine Einfassung mit Erde. Auch vorne wurde eine Stufe gesetzt. Sie macht den Zugang zum anschließenden Weg möglich.

15 Beim Absprühen mit Wasser wird die schöne Zeichnung der Steine erst sichtbar. Zudem schwemmt das Wasser den restlichen Quarzsand in die Fugen.

Der Anbau hat sich gelohnt; die Terrasse bietet wesentlich mehr Platz zum Wohnen und Gärtnern. Zudem kann die Erweiterung als Basis für eine Pergola dienen.

16 Nach Lust und Laune lässt sich der hinzugewonnene Platz durch Kübelpflanzen verschönern.

Pergola als Sicht- und Sonnenschutz

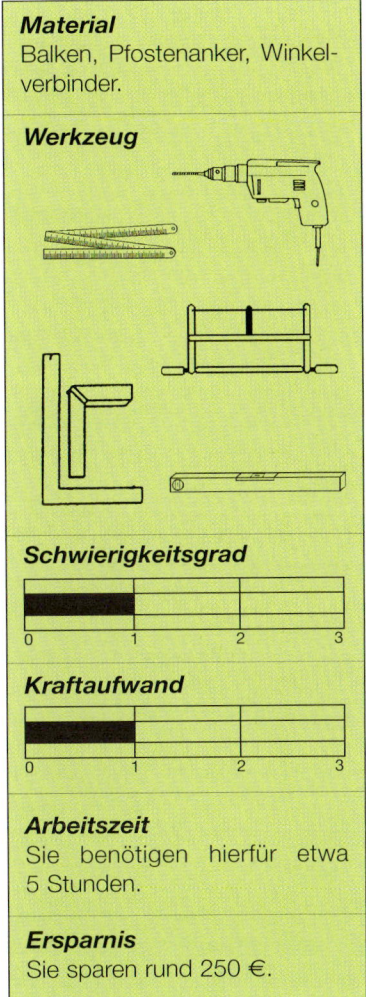

Material
Balken, Pfostenanker, Winkelverbinder.

Werkzeug

Schwierigkeitsgrad

0	1	2	3

Kraftaufwand

0	1	2	3

Arbeitszeit
Sie benötigen hierfür etwa
5 Stunden.

Ersparnis
Sie sparen rund 250 €.

Für den Aufbau einer Pergola als erweiterndes Element zur Terrasse ist ein tragfähiges Fundament nötig, das schon beim Pflasterbau (vgl. Arbeitsanleitung »Terrasse durch Anbau eines Freisitzes vergrößern«, Seite 68) geschaffen werden kann. Normalerweise genügen schmale Punktfundamente für die Eckpfosten. Dazu eignen sich – wie in unserem Beispiel – Betonfundamente, die mit Hilfe von Kunststoff- oder Betonrohren gegossen werden. Als Träger für die Balken dienen Metallelemente, so genannte Pfostenanker oder Balkenschuhe. Sie kommen schon nach dem Ausgießen der Fundamente in den Beton und werden mit der Wasserwaage ausgerichtet. An der Terrasse bietet sich die Hauswand für weitere Haltepunkte an. Entweder werden für die Pergola ebenfalls passende Balkenschuhe festgedübelt oder aber ein Balken der Pergola dient direkt als Auflager für die Sparren. Dieser muss dann dementsprechend mit Lastenankern an der Wand befestigt werden. Die Holzbauteile sollten schon vor der Montage und nach dem Zuschneiden mit einem guten Schutzmittel behandelt werden. Dann sind noch alle Stellen leicht erreichbar.

Während der Trocknung können die Betonfundamente aushärten. Beim Aufbau ist ein konstruktiver Holzschutz zu beachten. Er verlängert die Haltbarkeit der Holzkonstruktion. Insbesondere darf kein Regenwasser stehen bleiben. Die Sparren werden dazu mit geringer Neigung aufgelegt. Die Stirnseiten der Eckpfosten, die besonders empfindlich sind, müssen abgedeckt sein. Das kann durch die aufliegenden Querbalken geschehen oder aber durch kleine Dachpappstücke. Die Abstände der Sparren sollten für die gewünschten Kletterpflanzen bemessen sein. Starkwüchsige Pflanzen wie Glyzinen überwinden größere Zwischenräume, weniger wüchsige wie Waldreben brauchen geringere Abstände – oder zusätzliche Kletterhilfen aus Stahldrähten oder Nylonschnüren. Der Aufbau ist nur durch die Mithilfe mehrerer Personen zu bewältigen. Er beginnt mit der Montage der Auflager an der Hauswand (je nach Pergola-Typ) und dem Aufstellen der Eckpfosten. Darauf lassen sich dann die Querbalken und Sparren befestigen.

1 In die Leerrohre, die bereits beim Pflasterbau in den Boden eingebracht wurden (s. Seite 71), kom-

men die Pfostenanker. Die Wasserwaage hilft beim Einrichten. Während die Punktfundamente aushärten, kann das Holz für die Pergola zugeschnitten werden.

2 Wenn die Balken nicht schon vom Holzhändler auf das richtige Maß zugeschnitten wurden – was natürlich Kosten und Mühe erspart –, kann dies von Hand mit der Bügelsäge geschehen. Dazu wird die Schnittstelle rundum markiert. Beim Sägen muss der Balken immer wieder gedreht werden, dann ist ein gerader Schnitt möglich.

3 Auf der Baustelle erleichtern Böcke die Vorbereitungen für die Montage. Der Balken, der als Auflager für die Sparren dient, wird vorgebohrt.

4 Die Schrauben müssen für die Gesamtlast ausreichend und lang genug sein, damit sie die Pergola sicher an der Wand halten. Bei einer massiveren Konstruktion sind Schwerlastanker nötig. Hier genügen Kreuzschlitzschrauben.

5 Der Querbalken, der als Auflager für die Sparren dient, wird zunächst an der Befestigungsstelle angelegt. Dann lassen sich die

Bohrstellen mit Hilfe der durchgesteckten Schrauben an der Wand markieren.

6 Sobald die Löcher in die Wand gebohrt und die Dübel eingesteckt sind, lässt sich der Querbalken an die Wand schrauben.

7 Nachdem das Auflager an der Hauswand geschaffen ist, kommen die Eckpfosten an die Reihe.

8 Sie müssen hier noch zugeschnitten werden, zumal eine geringe Neigung des Pergoladachs nötig ist. Damit ein gerader Schnitt zustande kommt, wird die Schnittstelle wieder rundherum angezeichnet. Dazu ist ein Schreinerwinkel nötig.

9 Der Balken wird dann wieder durch mehrmaliges Drehen und Einsägen von allen Seiten durchtrennt.

10 Nach dem Ablängen und Aufstellen kann der erste Eckpfosten mit Hilfe der Wasserwaage eingerichtet werden. Beim Vorbohren und Festschrauben des Balkens am Pfostenanker muss eine zweite Person für Halt sorgen und darauf achten, dass er richtig steht.

4

7

5

8

6

9

10

11

11 Genauso lässt sich der zweite Eckpfosten setzen. Nachdem der Querträger und ein Sparren so aufgelegt sind, dass eine Verbindung zur Hauswand besteht, stehen die Eckfosten schon recht fest.

12 Bei der Montage der Konstruktion muss ständig auf einen passenden Sitz geachtet werden. Für die Eckverschraubung wird vorgebohrt. Die Holzkonstruktion nimmt nun deutliche Formen an; jetzt sind eventuelle Änderungen noch möglich.

13 Sobald der Rahmen steht, können alle Sparren aufgelegt werden; sie dürfen nur bestimmte Abstände überspannen – je nach Format und Dicke. Die Abstände zwischen den Sparren lassen sich anhand der Gesamtlänge und Stückzahl berechnen; beim Einteilen helfen Meterstab und Bleistift.

14 Die Abstände zwischen den Sparren müssen selbstverständlich auf beiden Seiten gleich sein; das Einrichten auf der Vorderseite muss vorsichtig geschehen, damit die Sparren hinten nicht verrutschen.

15 Die relativ leichten Balken machen den Aufbau ohne besondere

12

13 **14** **15**

Mühe möglich. Dennoch kommt eine ausreichend stabile Konstruktion zustande.

16 Streben in den Ecken dienen zur Verstärkung. Sie steifen die Pergola seitlich aus.

Profitipp

Um die Pergola tatsächlich als Sicht- und Sonnenschutz nutzen zu können, muss sie mit Rankpflanzen begrünt werden. Bei der Auswahl der Pflanzen ist auf den Standort der Pergolakonstruktion zu achten. Sonnige Plätze verlangen Pflanzen, die auch Hitze schadlos überstehen; an schattigen Standorten hingegen gedeihen nur Pflanzen, die wenig Licht und Sonne benötigen.

16

Anbaubalkon aus Holz –
ein Freisitz in luftiger Höhe

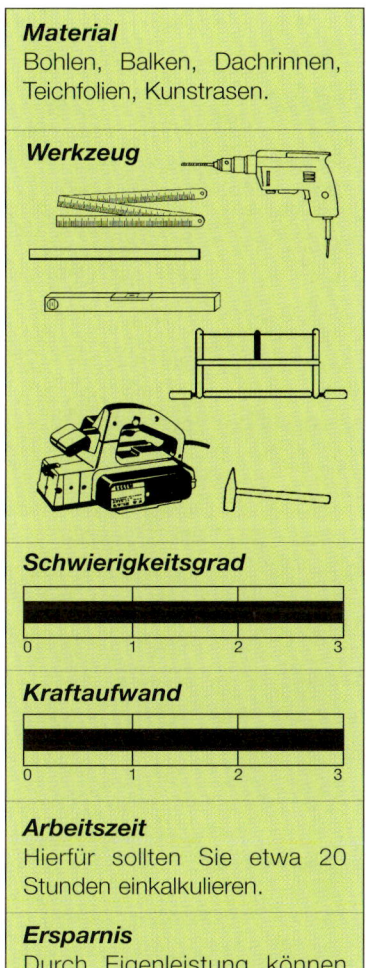

Material
Bohlen, Balken, Dachrinnen, Teichfolien, Kunstrasen.

Werkzeug

Schwierigkeitsgrad

| 0 | 1 | 2 | 3 |

Kraftaufwand

| 0 | 1 | 2 | 3 |

Arbeitszeit
Hierfür sollten Sie etwa 20 Stunden einkalkulieren.

Ersparnis
Durch Eigenleistung können Sie rund 1 000 € einsparen.

Jeder weiß die Vorteile eines Balkons zu schätzen. Er lädt zum Sonnen ein, gewährt Platz zum Grillen oder auch zum Wäschetrocknen und bietet natürlich Stellfläche für reichlich Zier- und Nutzpflanzen. So ist es naheliegend, schon bei der Hausplanung einen oder mehrere Balkons vorzusehen. Der nachträgliche Anbau empfiehlt sich vor allem dann, wenn aus Kostengründen zunächst darauf verzichtet werden muss und nach einiger Zeit wieder mehr Mittel verfügbar sind. Im vorliegenden Beispiel wurde eine Kellererweiterung dazu genutzt, auf dem Flachdach des Anbaus eine große Holzterrasse zu errichten, die sich wiederum zur Erstellung eines Holzbalkons nutzen ließ. Während der Bau der Kellererweiterung von einer Baufirma durchgeführt wurde, kann der Balkon in Eigenregie entstehen. Die Kosten für den selbst gebauten Holzbalkon sind recht gering, da sich Heimwerker die Lohnkosten sparen.

Zunächst ist eine genaue Berechnung der Holzkonstruktion erforderlich. Die Bemaßung richtet sich natürlich nach der Hausform und -größe und nach der gewünschten Nutzfläche des Balkons – selbstverständlich bei Beachtung der ortsüblichen Baubestimmungen und der Statik! Eine einfache rechtwinklige Form lässt sich am leichtesten verwirklichen. Für einen quadratischen oder rechteckigen Balkon sind im Prinzip nur vier senkrechte Stützpfosten, zwei waagrechte Balken als Auflager für die Bodensparren und entsprechend viele Bodenbretter nötig. Wenn der Balkon direkt mittels einbetonierter Stahlprofile an der Hauswand befestigt wird, genügen zwei senkrechte Stützpfosten. Zudem braucht man noch Holzlatten für das Geländer und Streben zur Stabilisierung der Holzkonstruktion. Eine Dachdichtungsfolie (im Baustoffhandel erhältlich; evtl. auch Teichfolie) dient als wasserdichte Schutzhaut. Sie liegt am besten auf einer Vliesmatte und wird von einem Kunstrasen-Teppich gegen Beschädigungen von oben geschützt.

Am besten eignen sich Leimholzbalken zum Bau des Balkons. Billiger sind massive Balken vom Sägewerk. Sie müssen aber kerngetrennt sein, damit sie sich später nicht verdrehen oder verziehen. Das sägerauhe Massivholz muss – anders als das Leimholz – gehobelt werden. Für das Geländer sind keine besonderen Konstruktionshölzer nötig, gehobelte Dachlatten sind gut genug. Für die Bodenschalung bieten sich Profilbretter an, die je nach Sparrenabstand gewählt werden. Je größer der Abstand und damit die Spannweite, umso dicker müssen natürlich die Bretter sein (hier wurde ein Sparrenabstand von 50 cm gewählt;

1

2

die Bretter sind 20 mm dick). Nach dem Zuschnitt der Holzbauteile ist eine Imprägnierung im Kesseldruck-Verfahren zu empfehlen (die Bodenbretter, die geschützt unter der Folie liegen, ausgenommen). Firmen, die die Imprägnierung für Sie erledigen, finden Sie in den »Gelben Seiten« unter dem Stichwort »Holzschutz«.

Der Balkon steht sicher auf Punktfundamenten, die etwa 100 cm tief gründen müssen. In vorliegendem Beispiel steht der Balkon allerdings auf einer Holzterrasse, sodass keine Fundamente geschaffen werden konnten; hier ruhen die Stützpfosten auf Lagerhölzern, die das Gewicht des Balkons verteilen.

Die fertigen Holzbauteile lassen sich am besten mit einigen Helfern und diversen Hilfsmitteln (Schraubzwingen, Stützgerüst) ohne Schwierigkeiten aufstellen und zusammenfügen. Ein geringes Gefälle des Balkonbodens bewirkt einen zügigen Wasserablauf. Eine Regenrinne leitet das Wasser ab. Nach der Bodenabdichtung und Sicherung durch ein Geländer ist der Balkon sofort nutzbar. Eine gute Bodenabdichtung ermöglicht übrigens auch den späteren Ausbau des Raums darunter zum Wintergarten!

Profitipp

Ein Balkon ist ein genehmigungspflichtiges Gebäude und sollte bereits bei der Hausplanung berücksichtigt werden. Andernfalls ist ein eigener Plan dafür nötig. Auch wenn der Balkon nicht sofort beim Hausbau, sondern nachträglich angebaut werden soll, empfiehlt es sich, die Fenstertüren gleich an den entsprechenden Stellen einzubauen und diese einstweilen mit Holz- oder Metallgeländer zu sichern.

1 Statt einer Betondecke bekommt der Bau der Kellererweiterung eine Balkendecke; sie bildet zugleich den Terrassenboden.

2 Für ein tragfähiges Auflager sorgt ein massiver Sturz, den Sie selbst betonieren können.

3 Den Terrassenboden bilden nach dem Versiegeln mit verzinktem Blech stabile Holzbohlen.

4 Verzinkte Profil-Eisen, die zuvor in die Wand einbetoniert wurden, dienen als Halterungen für den Holzbalkon.

3

4

7

5–6 Der erste Balken wird auf die Halterungen aufgelegt.

7 Nun befestigen Sie den Balken mit Schrauben auf den Trägern.

8–9 Die Sparren werden einerseits auf den befestigten Balken, andererseits auf eine Hilfskonstruktion, die Sie aus verstellbaren Metallstützen (leihweise von einer Baufirma) errichten, aufgelegt.

10 Die Sparren werden mit Hilfe einer Messlatte ausgerichtet und mit den verstellbaren Metallstutzen in die richtige Lage gebracht; dabei müssen Sie auf ein geringes Gefälle achten!

11 Stützlatten sichern die noch lose Konstruktion. Jetzt erst wird der

5

8

6

9

10

12

11

13

14

zweite Balken, der als Auflager für die Sparren dient, zunächst mit Schraubzwingen befestigt.

12 Dabei wird ein entsprechender Abstand für die Regenrinne eingehalten.

13 Im nächsten Arbeitsschritt bohren Sie die Sparren vor. Nun können Sie die Sparren festnageln oder verschrauben.

14 Ebenso – vorbohren, dann festnageln oder verschrauben – werden die Sparren am mauerseitigen Querbalken befestigt.

15 In der Regel genügen für die Konstruktion des Holzbalkons vorne zwei Stützpfosten; hier werden jedoch vier Pfosten montiert; nach dem Aufstellen und Ausrichten (Wasserwaage!) der Stützpfosten werden diese mittels Lochplatten aus Metall oder kurzen Brettern festgeschraubt.

16 Oben werden die Stützpfosten mit dem Querbalken durch Metallwinkel und Schlüsselschrauben verbunden.

17–18 Zur Stabilisierung wird die Konstruktion mit Brettern ver-

15

16

19

strebt. Vergessen Sie nicht, dass die Streben und andere unbehandelte Holzteile aus Gründen des Holzschutzes unbedingt nachträglich noch kesseldruckimprägniert werden müssen.

19 Nun können Sie die Bretter für den Balkonboden auf den Sparren befestigen.

20 Für das Geländer werden an der Hausmauer Metallwinkel festgedübelt.

21 Nun können Sie den Balkenboden belegen. Der wasserdichte Belag sollte aus einer Lage Vlies, einer Dachdichtungsfolie und einem Kunstrasen-Teppich bestehen; so ist er strapazierfähig und wetterfest.

17

20

18

21

22

24

23

25

22–23 Der Belag wird mit Holzleisten befestigt; die Ränder werden außen hochgestellt, damit das Regenwasser nicht seitlich, sondern nach vorne abläuft.

24 Vorne wird ein Deckbrett vorbereitet, das erst, nachdem die Dachrinne eingebaut ist, befestigt wird; das Regenwasser kann unter dem Brett hindurch in die Dachrinne abfließen.

25 An der Wand wird der Belag mit einer Aluminiumleiste befestigt; die entstehende Fuge wird mit Silikon verfüllt.

26 Wenn der Boden fertig ist, kann das Geländer montiert werden.

27–28 Aus Dachlatten vom Sägewerk, die gehobelt und imprägniert

26

27

28

29

wurden, entsteht eine einfache, stabile Konstruktion.

29 Die Dachrinne wurde vom Spengler gefertigt.

30 Der Balkon ist sofort nach dem Aufstellen bewohnbar. Zum Wohlfühlen fehlen nur noch Balkonpflanzen und Sitzmöbel.

30

Eln alter Teich wird zur Terrasse

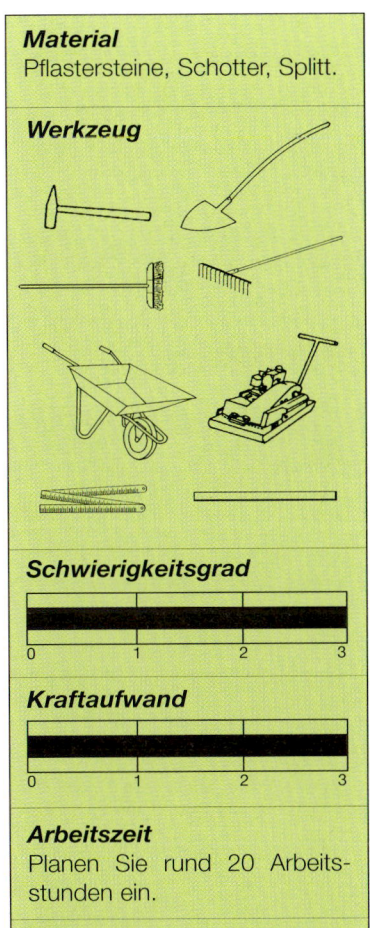

Material
Pflastersteine, Schotter, Splitt.

Werkzeug

Schwierigkeitsgrad

0   1   2   3

Kraftaufwand

0   1   2   3

Arbeitszeit
Planen Sie rund 20 Arbeitsstunden ein.

Ersparnis
Die Ersparnis beträgt etwa 500 €.

Eine Terrasse muss nicht am Haus liegen. Sie kann auch abseits gebaut und als Freisitz geschaffen sein. Als Baustelle kommt im vorliegenden Beispiel ein alter Folienteich in Frage, der im Lauf der Zeit völlig verwildert oder undicht geworden ist oder der kleinen Kindern gefährlich werden könnte.

Ein idealer, völlig wetterfester Baustoff ist Naturstein. Alte Natursteine gibt es nur selten zu kaufen (z.B. bei einem Landschaftsbaubetrieb). Wenn solche Schmuckstücke beispielsweise zuhause bei einer Altbaumodernisierung anfallen, sollten Sie zugreifen. Alte Quader, Würfel oder Platten, insbesondere Kopfsteinpflaster von alten Straßen, sind durch den Gebrauch abgeschliffen und abgerundet. Neue Natursteine sind dagegen ungeschliffen und kantig. Sie stammen meistens aus regionalen Steinbrüchen und dienen als Straßeneinfassungen oder auch für Gehwege. Solche Steine sind in relativ großer Auswahl in Baumärkten und beim Baustoffhandel zu bekommen. Natürlich lassen sich auch verschiedene Steine kombinieren. So sind durch eine gezielte Auswahl und Arrangierung attraktive Muster möglich. Bunte Granitsteine (z.B. rote und graue Pflastersteine) in verschiedenen Größen oder auch andere Materialien, wie Ziegel, Natursteinplatten oder bunter Splitt in den Fugen, ergeben schmucke Beläge. Dieses »Patchwork« macht freilich mehr Mühe als das Verlegen einheitlicher Pflaster. Es wirkt allerdings auch attraktiver. Immerhin hält eine richtig gebaute Natursteinterrasse jahrzehnte lang. Sie wird sogar immer schöner, sobald sie eine Patina aus Moos und Flechten bekommt. Damit der Belag auch hält und tragfähig bleibt, braucht er einen soliden Unterbau aus Schotter. Auf diese tragfähige Basis kommt eine dünne Schicht Splitt. Sie macht das Setzen der Steine gut möglich. Beim Pflastern hilft eine Richtlatte. Damit lassen sich die Steine ins passende Niveau setzen. Falls nötig werden sie mit einem Fäustel (Hammer zum Pflastern) entsprechend tiefer geklopft oder nach dem Anheben und Unterfüllen mit Splitt höher gesetzt. Wichtig ist besonders bei unförmigen Steinen, dass dennoch eine ebene Oberfläche zustande kommt.

1 Der in die Jahre gekommene Teich soll einen neuen Platz erhal-

1

4

2

5

3

6

ten. An seiner Stelle soll ein Freisitz mit einem Natursteinpflaster entstehen.

2 Nachdem das Wasser abgepumpt und die Teichfolie und das Vlies entfernt wurden, beginnen Sie mit der Errichtung des Unterbaus. Dazu dient grober Schotter, der nach dem Erdaushub etwa 20 cm dick in das ausgekofferte Bett gefüllt wird.

3 Die Rüttelplatte klopft die Schottersteine fest und ebnet zugleich die Fläche.

4 Auf den soliden Unterbau aus tragfähigem Schotter, auf den eine dünne Schicht Splitt aufgebracht wird, kann der weitere Aufbau erfolgen. Zunächst ist die endgültige Pflasterhöhe einzurichten. Dazu dient die Richtlatte. Ein geringes Gefälle macht einen zügigen Wasserablauf möglich.

5 Als Randsteine dienen große Natursteinquader, die mit der Sackkarre transportiert und bündig in den Boden eingesenkt wurden.

6 Im Folgenden lassen sich Pflastersteine als Randsteine anschließen. Genauso ist eine Einfassung der Terrassenfläche auch mit anderen Steinen machbar.

7 Zum Einrichten dient die Wasserwaage. Über längere Strecken ist das Einrichten der Einfassungssteine mit einer langen Richtlatte einfacher zu bewerkstelligen.

8 Das Material muss durch den Garten herangeschafft werden. Zur Schonung von Rasenflächen eignen sich alte Holzbretter, die auf der gesamten Wegstrecke ausgelegt werden.

9 Stein für Stein kommt eine geschlossene Einfassung zustande. Sie kann auch mehrreihig gelegt werden.

10 Immer wieder ist die Überprüfung mit der Richtlatte oder der Wasserwaage nötig. Eine genaue Einfassung erleichtert den weiteren Pflasterbau.

11 Der graue Granitsplitt passt sich den Granitsteinen unauffällig an. Genauso kann weißer Kalksplitt verwendet werden, wenn eine auffällige Musterung erwünscht ist.

12 Große Platten schaffen Abwechslung.

7

8

9

13 Schon zeichnen sich die Größe und Form des Natursteinpflasters ab. Natürlich richtet sich die Pflasterung nach dem verfügbaren Material.

14 Stolperstellen lassen sich durch das Messen mit der Richtlatte vermeiden. Falls nötig werden die Steine gehoben und unterfüllt oder gesenkt.

15 Eine gemischte Pflasterfläche macht mehr Mühe als ein einheitlicher Belag aus gleichförmigen Steinen. Der Aufwand lohnt sich aber, wenn etwas Besonderes entstehen soll.

16–17 Die Pflastersteine bekommen die nötige Festigkeit durch das Rütteln. Abschließend werden die Fugen mit Splitt ausgefüllt.

17

Wo finde ich was?